**Allitera** Verlag

# Jahrbuch 2011

der Oskar Maria Graf-Gesellschaft

Herausgegeben von Ulrich Dittmann
und Hans Dollinger

Allitera Verlag

Weitere Informationen über den Verlag und sein Programm unter
www.allitera.de

April 2011
Allitera Verlag
Ein Verlag der Buch&media GmbH, München
© 2011 Buch&media GmbH, München
Umschlaggestaltung: Kay Fretwurst, Freienbrink
Printed in Germany
ISSN: 0946-3623
ISBN: 978-3-86906-164-1

# Inhalt

Vorwort .................................... 7

DIETER SCHILLER
Oskar Maria Graf und die German-American
Writers Association (GAWA)
1938 bis 1940 ............................... 9

ELISABETH TWOREK
Das Ende einer Dichterfreundschaft
Ödön von Horváth und Oskar Maria Graf ........... 85

DORIS DANZER
Wieland Herzfelde und Oskar Maria Graf:
Eine (un-)mögliche Freundschaft. ................. 105
Anhang: Oskar Maria Graf über John Heartfield
Mit einer Abbildung und dem Kommentar der
Herausgeber ................................. 126

HANS DOLLINGER
»Aufgestapelte Erinnerungen« hinter der Maske
des Satirikers
Zu Grafs Autobiografie *Gelächter von außen* .......... 128

## Vorwort

Dieses neunte Jahrbuch der Gesellschaft widmet sich vor allem sozialen und persönlichen Problemen, welche für Oskar Maria Graf aus der Exilsituation entstanden sind. Sie bereichern das Gesamtbild der Folgen, die der Nationalsozialismus für Leben und Werk kritischer Autoren hatte.

Wir freuen uns, mit einem ebenso gewichtigen wie detailreichen Aufsatz einleiten zu können. Dieter Schiller, Literaturwissenschaftler der Humboldt-Universität und der Berliner Akademie der Wissenschaften, ist durch Arbeiten zu Erich Mühsam und zum Exil ausgewiesen. Für unser Jahrbuch gibt er Einblicke in Grafs New Yorker »Literaturpolitik«. Der Nachweis, wie komplex sich die Beziehungen der Exilliteraten zueinander gestalteten und die große Tagespolitik Biografie und Arbeit überschattete, entkräftet jeden Einwand gegen Grafs Leitthema – das »garstige politisch Lied«.

Die Horváth-Spezialistin Elisabeth Tworek widmet ihren Aufsatz der Beziehung zwischen Graf und Ödön von Horváth, den regional und thematisch nahen Dramatiker-Kollegen. An einem konkreten Fall wird deutlich, welche tagesaktuellen Reaktionen die Beziehungen engagierter Autoren belasteten.

Wie in Parallele dazu entwickelt Doris Danzer, eine junge Kollegin, das Auf und Ab der lebenslangen Freundschaft zwischen Wieland Herzfelde und Graf. Insofern eröffnen sich neue Blicke auf die im Exil problematisch werdenden Beziehungen sowie auf die organisatorischen Schwierigkeiten der vom NS-Regime vertriebenen Autoren.

Die Herausgeber ergänzen den letztgenannten Beitrag mit der Kurzfassung einer Graf-Rede über Herzfeldes Bruder John Heartfield, der Abbildung eines beide Künstler verbindenden Buchumschlags samt dem aktuellen Kommentar von dem jüngeren Exil-Dichter Erich Fried dazu.

Als Abschluss des Jahrbuchs blickt Hans Dollinger auf Grafs anekdotenreichstes, wohl meist rezitiertes und immer wieder nacherzähltes Buch *Gelächter von außen* zurück, dessen Erscheinen er als Lektor vor 45 Jahren mitverantwortete.

München, im Februar 2011
Ulrich Dittmann und Hans Dollinger

Dieter Schiller
# Oskar Maria Graf und die German-American Writers Association (GAWA)

1938 bis 1940

In seiner Autobiografie erinnert sich Karl Jakob Hirsch, als er im Jahr 1936 in New York ankam, habe es nur wenige Emigranten in den Vereinigten Staaten gegeben. Allerdings habe sich – nach dem Muster des früheren Schutzverbandes deutscher Schriftsteller – schon eine Vereinigung deutscher Schriftsteller gebildet. Weil es jedoch an professionellen Schriftstellern fehlte, sei es schwierig gewesen, einen Vorstand zu bilden, und so musste ein Arzt zum Vorsitzenden gewählt werden.[1] Bei dieser Vereinigung handelt es sich – zumindest mit großer Wahrscheinlichkeit – um eben jenen Schutzverband deutschamerikanischer Schriftsteller, von dem auch Stefan Heym in einem Bericht aus den USA für die Moskauer Zeitschrift *Das Wort* spricht. Vor mehr als einem Jahr sei dieser Verband gegründet worden, teilt Heym mit, doch weiß er von ihm kaum mehr zu berichten, als dass er seitdem einen ungesunden Schlaf geführt habe. Allerdings hofft Heym, der Verband werde nun, nach der Ankunft von Oskar Maria Graf und Manfred Georg[2] in den USA, reorganisiert werden.[3] In einer Anmerkung zu diesem Text Heyms teilt die Redaktion ihren Lesern mit, eine solche Reorganisation habe inzwischen stattgefunden. Das muss demnach – beim redaktionellen Vorlauf von drei Monaten, den *Das Wort* normalerweise hatte – etwa im September des Jahres 1938 geschehen sein.

[1] Karl Jakob Hirsch: *Heimkehr zu Gott*. Briefe an meinen Sohn. München 1946, S. 107f. Vgl. Robert E. Cazdan: *German Exile Literature in America 1933–1950*. Chicago 1970, S. 153.
[2] Manfred Georg, seit 1939 im Exil in den USA, benannte sich dort in Manfred George um
[3] Stefan Heym: *Kleine deutsche Chronik*. USA. In: *Das Wort*, Moskau, 12/1938, S. 143. – Stefan Heym war Chefredakteur der linken Wochenzeitung *Deutsches Volksecho*, New York. Vgl. Monika Machnicki/Sigrid Schneider: *Deutsches Volksecho*. In: *Presse im Exil*. Beiträge zur Kommunikationsgeschichte des deutschen Exils 1933–1945. (Hg.) Hanno Hardt, Elke Hilscher, Winfried B. Berg, München 1979, S. 378ff.

## Die Gründung

Angesichts der Bedrohung der Tschechoslowakischen Republik durch Hitler hatte es Oskar Maria Graf mit seiner Frau Mirjam Sachs in die USA verschlagen. Um Bürgschaften zur Einwanderung hatte er sich schon seit längerer Zeit bemüht, am 26. Juli 1938 traf er endlich in New York ein.[4] Hilfe von Freunden und Verwandten, aber auch die Unterstützung durch den Deutschamerikanischen Kulturverband[5] sowie die American Guild for Cultural Freedom[6] erlaubten ihm, relativ rasch Fuß zu fassen. Er suchte vor allem, mit deutschen und amerikanischen Schriftstellerkollegen in Kontakt zu kommen und Zugang zur deutschamerikanischen Öffentlichkeit zu finden. Die war nicht übermäßig aufgeschlossen, wie sein Freund und Schwager Manfred Georg auf einer Reise durch die USA feststellen musste. Denn, schreibt er, die Deutschamerikaner träumten politisch noch von der Kaiserzeit.[7] Dennoch war Graf entschlossen, im neuen Asylland aktiv zu werden, weil er einsah, dass sich das »Schwergewicht der Emigration antifaschistischer deutscher Schriftsteller« nach den Vereinigten Staaten verlagert hatte.[8] Doch hier waren nur verschwindend wenige von ihnen auch nur dem Namen nach bekannt,[9] und deshalb ging es zunächst einmal darum, im Asylland wahrgenommen zu werden und zu versuchen, durch organisiertes Auftreten Einfluss auf

---

[4] W. Schoeller: Oskar Maria Graf: *Odyssee eines Einzelgängers*. Frankfurt a.M., S. 331f.

[5] Zum Deutschamerikanischen Kulturverband (DAKV) siehe: Elke Middell u. a.: Exil in den USA (Kunst und Literatur im antifaschistischen Exil 1933–1945 in sieben Bänden, Band 3). Leipzig 1983, S. 116ff.

[6] Zur American Guild for Cultural Freedom vgl. den Ausstellungskatalog: Deutsche Intellektuelle im Exil. Ihre Akademie und die »American Guild for German Cultural Freedom«. Eine Ausstellung des Deutschen Exilarchivs 1933–1945 der Deutschen Bibliothek, Frankfurt am Main, Ausstellung und Katalog Werner Berthold, Brita Eckert und Frank Wende. München 1993.

[7] Manfred Georg an Oskar Maria Graf, Miami Beach 7.01.38 (recte 1939!). DLA Marbach, A: George 75.4690/2-6.

[8] Oskar Maria Graf: *Brief aus den USA*. In: *Internationale Literatur*, Moskau (IL), 7/1939, S. 152 (geschrieben ca. April/Mai 1939).

[9] Oskar Maria Graf an Bernhard Menne 14.3.1939. In: *Oskar Maria Graf in seinen Briefen*, (Hg.) Gerhard Bauer und Helmut F. Pfanner. München 1984 (Im Folgenden: O. M. Graf: *Briefe*), S. 136.

die deutschamerikanische Öffentlichkeit zu gewinnen. Nur so sahen Graf und seine Freunde eine Chance, die Wirkung der Propaganda aus Hitlerdeutschland in den Vereinigten Staaten zurückzudrängen und zugleich die eigenen Existenzmöglichkeiten als Schriftsteller im Exil zu verbessern. »Wir deutschen antifaschistischen Schriftsteller« – läßt er den in England lebenden Rudolf Olden in einem Brief wissen – »müssen hier jede Verbindung für unsere Arbeit ausnutzen, um für unsere allgemeine Sache das Bestmögliche herausschlagen zu können.«[10] Denn er war überzeugt, die emigrierten antifaschistischen Schriftsteller müßten durch ihr Schaffen den Beweis erbringen, »dass wir qualitativ die Stärkeren sind, dass wir den Geist des wahren und des zukünftigen Deutschland« darstellen. »Wir müssen« – fährt er im Brief an seinen Moskauer Verlag mit einigem Pathos und offenbar auch beträchtlichen Illusionen fort – »uns eine Weltgeltung verschaffen, die der Nazigeist niemals brechen kann«.[11] Walter Schönstedt, ein linker Schriftsteller aus Deutschland, und Martin Hall, Herausgeber der deutschamerikanischen Zeitschrift *Volksfront* sowie Nationalsekretär des Deutschamerikanischen Kulturverbandes,[12] ermöglichten es Oskar Maria Graf schon im November 1938, eine Vortragsreise durch amerikanische Städte zu absolvieren. So trat er in Philadelphia, Cleveland, Baltimore, Detroit und Chicago[13] im Rahmen des Deutsch-amerikanischen Kulturverbandes mit einem Vortrag zum Thema »Ein deutscher Dichter erzählt von seiner Heimat«[14]

[10] O. M. Graf an Rudolf Olden 17.9.1938. In: O. M. Graf: *Briefe*, S. 127.
[11] O. M. Graf an den Moskauer Staatsverlag, Sektor der zeitgenössischen Auslandsliteratur 11.11.1938. IMLI Moskau, 317-1-7.
[12] Zu Martin Hall vgl. Robert E. Cazden: *German Exile Literature in America*, S. 45, 53.
[13] Im bereits zitierten Brief an den Moskauer Staatsverlag vom 11.11.1938 schreibt Graf: »Ich spreche vom 16. November ab in ziemlich vielen mittelamerikanischen Städten über die wirkliche Lage im 3. Reich im Rahmen des deutschamerikanischen Kulturverbandes.« IMLI Moskau, 317-1-7.
[14] Ernst Bloch/Wieland Herzfelde: *Wir haben das Leben wieder vor uns. Briefwechsel 1938–1949*, (Hg.) Jürgen Jahn, Frankfurt a.M. 2001 (Im Folgenden: Bloch/Herzfelde, Briefwechsel), S. 28. – Es könnte sich da um die »Rede über sich selbst und Deutschland« handeln. In: Oskar Maria Graf: *Reden und Aufsätze aus dem Exil*, (Hg.) Helmut F. Pfanner. München 1989, S. 86ff. – Nach Angaben des Herausgebers ist dies die erste öffentliche Rede Grafs nach seiner Ankunft in den USA. Vgl. S. 439.

auf und konnte damit seine desolate materielle Lage zumindest ein wenig aufbessern. Seine Erfahrungen mit dem deutschamerikanischen Publikum stimmten ihn zuweilen eher hoffnungsvoll. In einem Gespräch mit dem *Deutschen Volksecho* – einer von Stefan Heym geleiteten linken Zeitung – berichtet er im Februar 1939 vom herzlichen Empfang in verschiedenen amerikanischen Städten. Nun glaubt er zu wissen, in ihrer Mehrzahl seien die Deutschamerikaner keine Freunde Hitlers, sondern freiheitlich gesinnt. Jedoch seien sie in der Regel nur ungenau unterrichtet über das, was in Deutschland vorgeht.[15]

Seine literarische Produktion stellte Graf während seines ersten Jahres in den Vereinigten Staaten bewusst zurück.[16] Seine Hauptkraft widmete er während dieser Zeit – gemeinsam mit Manfred Georg[17] und einem »ganz kleinen Freundeskreis« – dem Aufbau des Schutzverbandes deutsch-amerikanischer Schriftsteller. Das sei, schreibt er den Moskauer Freunden, »der einzige Verband antifaschistischer Intellektueller«, der – im Gegensatz zu allen möglichen und meist ziemlich undurchsichtigen Gruppenbildungen – »eine klare Linie hat, in der Öffentlichkeit angesehen ist und ausgezeichnet funktioniert.«[18] Hier trägt Graf freilich etwas zu dick auf, denn von einem ausgezeichneten Funktionieren konnte im November 1938 und noch Monate danach ganz gewiss keine Rede sein, und von einem öffentlichen Ansehen zu reden, war zumindest recht verfrüht. Dennoch hatte es schon seine Richtigkeit, wenn Graf mit einigem Selbstbewusstsein auf das bereits Geleistete blickte. Immerhin war es in wenigen Wochen gelungen, eine organisatorische Struktur aufzubauen und sich öffentliche Aufmerksamkeit zu verschaffen. Die Initiative zur Reorganisierung und Aktivierung des Schutz-

---

[15] Sch.: München in New York. Gespräch mit O. M. Graf, Dem deutschen Redner des *Volksecho*-Festes. In: *Deutsches Volksecho*, New York, v. 11.2.1939, S. 3.

[16] Über O.M. Graf in den USA vgl. Helmut Pfanner: *Oskar Maria Graf*. In: *Deutschsprachige Exilliteratur seit 1933*. Band 2 New York. (Hg.) John M. Spalek und Joseph Strelka. Franke Verlag Bern 1989, S. 276ff. – Grafs Tätigkeit im SDAS wird nur kurz gestreift.

[17] Manfred Georg (seit 1939: George) war Journalist und Schriftsteller. Er kam 1938 aus der CSR, wo er die *Jüdische Revue* geleitet hatte, in die USA. Seit April 1939 Chefredakteur der Zeitschrift *Aufbau*, New York.

[18] O. M. Graf an Staatsverlag Moskau 11.11.1938, IMLI Moskau, 317-1-7.

verbandes ist offenbar von einem Aktionsausschuss ausgegangen, der durch Manfred Georg, Oskar Maria Graf und Walter Schönstedt repräsentiert wurde. Dieser Ausschuss war es, der die Schriftstellerkollegen mit Datum vom 15. September 1938 im Namen des Schutzverbandes Deutsch-Amerikanischer Schriftsteller (SDAS) zu einer Sitzung einlud, die am 7. Oktober 1938 im New Yorker Chanin-Building, 122 E. 42nd Street, stattfinden sollte. Der Verband – heißt es in der Einladung – halte die Zeit für gekommen, die Arbeiten und die Ziele des SDAS neu zu aktivieren, und wolle deshalb seine Pläne sowie das Arbeitsprogramm für die nächste Zeit vorstellen. Als Tagesordnung werden einleitende Worte von Oskar Maria Graf, Vorstandswahlen, Statuten und Fragen des Arbeitsprogramms vorgeschlagen.[19]

Graf hat diese Sitzung als die eigentliche Gründungsversammlung des Verbandes verstanden und seiner Eröffnungsrede einen ausgeprägt programmatischen Charakter gegeben. Seine »Rede an die Schriftsteller« spricht das »Häuflein exilierter, ziemlich Einflussloser antifaschistischer Schriftsteller aus Deutschland« mit der Absicht an, der verbreiteten Ratlosigkeit und Skepsis gegenüber den Aussichten der antifaschistischen Bewegung zu begegnen. Dabei verschweigt er nicht, wie begrenzt die Bedeutung von Schriftstellern in Wirklichkeit war. Politische Kampf- und Zukunftsprogramme aufzustellen, sei nicht ihre Sache, sie sollten vielmehr durch ihr Schaffen beitragen, die deutschen Sprache und Kultur zu erhalten. Deshalb mahnt er seine Schriftstellerkollegen, deutsch zu schreiben und niemals die Vorstellung aufkommen zu lassen, Deutschland und Hitler seien eins. Schriftsteller – so betont er schließlich – arbeiten an der Wiedergewinnung der deutschen Freiheit, indem sie ihre mächtige, unvergängliche Sprache bewahren, um mit ihr die Wahrheit zu verbreiten.[20]

Graf sah den Schutzverband also im Unterschied zu politischen Gruppierungen eindeutig als einen »Fachverband« deutsch

---

[19] Schutzverband Deutsch-Amerikanischer Schriftsteller (S.D.A.S.) an Lieber Kollege, New York, 15. September 1938 (gedrucktes Einladungsschreiben). DEA Frankfurt. – Der Aktionsausschuss war in der ersten Septemberhälfte 1938 in New York gebildet worden. Vgl. O. M. Graf: *Brief aus den USA*. In: IL Moskau, 7/1939, S. 151.

[20] O. M. Graf: *Rede an die Schriftsteller*. In: O. M. Graf: *Reden und Aufsätze*, S. 104 ff.

schreibender Autoren in den Vereinigten Staaten.[21] So ist es auch in den Statuten des Verbandes festgeschrieben, in denen es heißt, die German-American Writers Association (GAWA) vertrete die Interessen aller Schriftsteller und Wissenschaftler deutscher Herkunft, die in den USA lebten. Sie gewähre ihren Mitgliedern wirtschaftlichen und rechtlichen Schutz, fördere die deutsche Sprache und das deutsche kulturelle Erbe und kämpfe für die Freiheit des geschriebenen Wortes, der Lehre und der Wissenschaft. Mitglied könne jeder Schriftsteller werden, der ein Werk veröffentlicht habe, das ihn zur Mitgliedschaft qualifizierte. Ausdrücklich einbezogen werden dabei Journalisten, Dramatiker, Verfasser wissenschaftlicher Schriften sowie Film- und Radioautoren. Als einzige Bedingung für die Mitgliedschaft wird das Bekenntnis zum Prinzip der Freiheit der Presse, Literatur und Künste angeführt. Freilich müsse, wer sich um die Mitgliedschaft bewirbt, zwei Referenzen angeben. Jedem Freund der progressiven deutschen Literatur stehe es jedoch frei, sich – bei Zahlung von jährlich sechs Dollar – dem Verband als *associate member* (im Vereinsdeutsch würde man sagen: förderndes Mitglied) anzuschließen. Als eine weitere Aufgabe bestimmen die Grundsätze des Verbandes, den freien Gedankenaustausch mit amerikanischen Schriftstellern und Wissenschaftlern zu pflegen.[22] Dem Bericht von Stefan Heym über diese Versammlung ist zu entnehmen, dass in der Aussprache auch »eine enge Verbindung mit dem amerikanischen Kulturleben« gefordert wurde. Vor allem sollten jene deutschamerikanischen Schriftsteller und Redakteure unterstützt werden, die »im ganzen Lande mit ihren kleinen deutschamerikanischen Zeitungen einen erbitterten Kleinkampf gegen die Nazis führen«.[23]

Wie Oskar Maria Graf in einem »Brief aus den USA« in der Moskauer Zeitschrift *Internationale Literatur* mitteilt, waren auf der Gründungsversammlung Berichterstatter aller großen amerikanischen Zeitungen anwesend und die Publizität der

---

[21] O. M. Graf an Prinz Hubertus zu Löwenstein 14.10.1938. In: O. M. Graf: *Briefe*, S. 128.

[22] Auszüge aus dem Statut im gedruckten Prospekt der GAWA, ca. März 1939, BSB München, Teilnachlass O. M. Graf.

[23] Stefan Heym: *Kleine deutsche Chronik USA*. In: *Das Wort*, Moskau, 1/1939, S. 136.

Veranstaltung deshalb unerwartet groß.[24] So hieß es in der *New York Times* vom 3. Oktober 1938, die GAWA wolle »deutschamerikanische Schriftsteller, Gelehrte, Dramatiker, Librettisten und Journalisten zum Kampf gegen die Propaganda-Maschine der Nazis in den Vereinigten Staaten und für die Erhaltung der wahren deutschen Kultur vereinigen«.[25] Sehr rasch reagierte auch die deutsche Exilpresse in Europa. Schon am 30. Oktober findet sich eine Information über die Gründung in der kommunistisch redigierten *Deutschen Volkszeitung* in Paris,[26] und die Zeitschrift *Das Wort* in Moskau bringt eine Nachricht über die »Neugründung des Schutzverbandes Deutsch-Amerikanischer Schriftsteller« in ihrer Januar-Nummer 1939 mit genauen Angaben über die am 7. Oktober gewählte Leitung des Verbandes. Thomas Mann – heißt es da – sei zum Ehrenvorsitzenden gewählt worden, Oskar Maria Graf zum 1. Vorstand, der Dramatiker Ferdinand Bruckner zum 2. Vorstand. Als Sekretär des Vorstandes wird Manfred Georg genannt, als Schatzmeister Steffi Kiesler. Zum Vorstand gehörten ferner ein Fachbeirat für das Gebiet der Wissenschaft mit den Mitgliedern Ernst Bloch, Prof. Harry Slochower[27], Prof. Paul Tillich[28] und Dr. Felix Boenheim[29], und ein zweiter für das Gebiet Literatur und Presse mit den Mitgliedern Erika Mann, Gerhart Seger, Stefan Heym und Otto Sattler vom Deutschamerikanischen Kulturverband.[30]

In der *Deutschen Volkszeitung* werden als weitere Vorstands-

---

[24] O. M. Graf: *Brief aus den USA*. In: IL Moskau 7/1939, S. 152.

[25] Zit. nach Will Schaber: Das war die »G.A.W.A.«. In: *Aufbau*, New York, 12.3.1982.

[26] *Deutsche Volkszeitung*, Paris, Nr. 44, v. 30.10.1938.

[27] Zu Harry Slochower, Professor für German and Comparative Literature am Brooklyn College, vgl. Walter Schönstedt: *Harry Slochower und sein Werk*. In: *Das Wort*, Moskau, 12/1938, S. 156f.

[28] Prof. Paul Tillich, Religionsphilosoph und Vertreter eines religiösen Sozialismus. Vgl. Ursula Langkau-Alex, Thomas M. Ruprecht (Hg.): *Was soll aus Deutschland werden? Der Council for a Democratic Germany in New York*. Frankfurt am Main, New York 1995, S. 28.

[29] Dr. Felix Boenheim, Arzt und Gesundheitspolitiker. Vgl. Thomas M. Ruprecht: *Felix Boenheim, Arzt, Politiker, Historiker. Eine Biografie*. Hildesheim, New York 1992.

[30] *Das Wort*, Moskau, 1/1939, S. 133. – Man darf annehmen, dass der Bericht im *Deutschen Volksecho*, New York, vom 15.10.1938 eine Informationsquelle der Redaktion war. Dieser Bericht teilte im übrigen auch

mitglieder noch Walter Schoenstedt und Curt Riess angeführt, doch beide ohne nähere Angaben zu ihren Aufgaben. Zugleich würdigen diese Informationen über den SDAS auch die Anregung der namhaften amerikanischen Journalistin Dorothy Thompson[31], alle Mitglieder des Schutzverbands – bei Wahrung der Selbständigkeit ihres Verbandes – geschlossen in den amerikanischen PEN-Club aufzunehmen.[32] Die offizielle Aufnahme erfolgte dann im Januar 1939 mit einem Dinner in Anwesenheit von zwei prominenten Vorstandsmitgliedern des SDAS. Im Namen des Verbands sprach – auf Vorschlag des Vorsitzenden O. M. Graf – Vizepräsident Ferdinand Bruckner[33], weil Graf selber wegen mangelnder Englisch-Kenntnisse dafür nicht in Frage kam. Er hatte sogar – wie er ein Jahrzehnt später an Lion Feuchtwanger schreibt – auf der Gründungsversammlung seinen Kollegen dringend abgeraten, ihn zum Präsidenten zu wählen, weil er kein Wort Englisch konnte.[34] Bruckner machte seine Sache gut, seine englische Einführungsrede kam bei den amerikanischen Kollegen *an*, wogegen Ernst Toller, der als Mitglied der Londoner PEN-Club-Gruppe teilnahm, durch einen allzu politisch geratenen Beitrag einige Verstimmung hervorrief.[35]

### Die ersten Schritte

Im Brief an seinen russischen Verlag vom 11. November 1938 berichtet Graf, gegenwärtig würden ein Büro des Verbandes ein-

---

mit, der SDAS habe sich dem Deutschamerikanischen Kulturverband (DAKV) angeschlossen.

[31] Vgl. Dorothy Thompson: *Kassandra spricht. Antifaschistische Publizistik 1932–1942*, (Hg.) Jürgen Schebera. Leipzig und Weimar 1988.

[32] Vgl. auch O. M. Graf: *Brief aus den USA*. In: *IL Moskau*, 7/1939, S. 152.

[33] O. M. Graf an Manfred Georg 9.1.1939. DLA Marbach, A: George 75.2683, 2-8. – Ferdinand Bruckner (d. i. Theodor Tagger), ein bekannter Berliner Theatermann, seine Stücke waren große Bühnenerfolge. Bruckner war 1933 emigriert und 1936 in die USA gelangt.

[34] O. M. Graf an Lion Feuchtwanger 14.5.1958. In: *Lion Feuchtwanger: Briefwechsel mit Freunden 1933–1958*, Band I, (Hg.) Harold von Hofe und Sigrid Washburn. Berlin und Weimar 1991, S. 425.

[35] O. M. Graf an Manfred Georg 23.1.1939. DLA Marbach, A: George 75.2683/4.

gerichtet und Briefbogen gedruckt. Die Mitgliederzahl habe sich seit der Gründung von 40 auf 60 erhöht. Um sich vor Spitzeln und unsicheren Leuten zu schützen, sei ein Aufnahme-Komitee gebildet worden, das strenge Kontrolle übe. Graf hofft, der Verband werde schon in nächster Zeit mit nutzbringenden Aktionen an die Öffentlichkeit treten können. Beeinträchtigt werde die Verbandsarbeit jedoch durch die Sorge um die gefährdeten Kollegen in der »schauerlich verratenen CSR« – denn inzwischen hatte das Münchner Abkommen vom 29. September 1938 dieses Asylland für die antihitlerischen Emigranten zu einer Mausefalle gemacht.[36] Alle Kraft musste deshalb zunächst darauf konzentriert werden, Affidavits – das heißt: Bürgschaften für die Einreise in die Vereinigten Staaten – und Reisegelder für die Bedrohten aufzubringen. Für Wieland Herzfelde und John Heartfield sei das bereits gelungen, schreibt Graf, doch ergebe sich eine zusätzliche Erschwernis aus dem Umstand, dass die meisten Prager Freunde – auch die ausgebürgerten – in den USA unter die deutsche Einwanderungsquote fielen. Zudem müssten für die Geretteten Startmöglichkeiten geschaffen werden – ob da einigermaßen tragbare Regelungen getroffen werden könnten, sei noch offen.

In den ersten Wochen und Monaten stand diese Hilfsaktion für die bedrohten Freunde in Prag im Zentrum aller Bemühungen des Vorstands. Schon am 8. Oktober hatte – wie Klaus Mann in seinem Tagebuch vermerkt – eine Beratung »wegen der schrecklichen Situation der aus Prag ausgewiesenen Emigranten« stattgefunden.[37] Zwar – meint er – sei diese Beratung etwas konfus verlaufen, doch ergebnislos war sie offenbar nicht. Denn am 22. Oktober erschien in der *New York Post* eine Zuschrift der GAWA – unterschrieben von Graf, Bruckner und George – mit der Bitte um Unterstützung für die »Opfer der Aggression gegen die Tschechoslowakei«. Die Verfasser zeigen sich tief bewegt von der Hilfsbereitschaft der Amerikaner, durch die bereits für zehn demokratische Schriftsteller Affidavits besorgt worden seien. Den übrigen aber, die im Kampf für Wahrheit

---

[36] O. M. Graf an Staatsverlag Moskau 11.11.1938. IMLI Moskau, 317-1-7.
[37] Eintragung vom 8.10.1938. In: *Klaus Mann, Tagebücher 1938–1939*, S. 66f..

und Recht, für Freiheit und Demokratie ihr Leben riskierten, drohe nun Auslieferung, Folter und Tod. Noch könnten sie gerettet werden, nur fehle das Geld, um ihnen die Überfahrt zu ermöglichen. Deshalb appelliere die kürzlich gegründete German-American Writers Association an die Großherzigkeit der amerikanischen Öffentlichkeit, ihren Hilfsfonds finanziell zu unterstützen. Treuhänderisch verwaltet werde dieser Fonds von der *New York Post*.[38]

Ob dieser Appell erfolgreich war, geht aus den mir bekannten Quellen nicht hervor. Tatsache ist aber, dass Graf und seine Freunde sich redlich und mit großem Kraft- und Zeitaufwand bemüht haben, Affidavits und Reisegelder aufzutreiben. Es sei ihm – schreibt Graf in einem Brief an Apletin – ein Herzensbedürfnis gewesen, »vielen bedrohten Freunden durch Verschaffung eines amerikanischen Affidavits aus der CSR herauszuhelfen«, und viele würden in den kommenden Monaten noch folgen.[39] Anfang des Jahres – heißt es in anderen Briefen – sei es gelungen, »eine ganze Reihe von Affidavits nach drüben zu schicken«.[40] Doch fehle dem Verband oft sogar das Geld, »um zu telegaphieren, wenn es notwendig ist«.[41] Im »Brief aus den USA« verweist Graf darauf, eine Kommission des Verbandes, die eigens zum Zweck der Beschaffung von Affidavits eingesetzt worden war, habe erfolgreiche Arbeit geleistet, um bedrohten Kollegen zur Einreise zu verhelfen – denen aus der CSR, aber auch solchen, die in der Schweiz oder Luxemburg ihre Aufenthaltsgenehmigungen verloren haben.[42] Um die vorhandenen Hilfsquellen auszuschöpfen und alle Bemühungen durchzuorganisieren, strebte der Vorstand des SDAS danach, ein Zusammenwirken verschiedener Komitees und Organisati-

---

[38] Zeitungsausschnitt New York Post, 22nd october 38, p. 4., BSB München, Teilnachlass O. M. Graf.
[39] O. M. Graf an Apletin 2.7.1939, RGALI Moskau, 631/11/420,4. – Nach Angaben von Wilfried F. Schoeller ist es Graf bis Ende 1940 gelungen, insgesamt 140 lebensrettende Papiere (Affidavits und Visen zur Rettung in Europa bedrohter Kollegen) zu beschaffen. Vgl. W. F. Schoeller: Oskar Maria Graf. Odyssee eines Einzelgängers, S. 338. 39
[40] O. M. Graf: *Briefe*, S. 131.
[41] O. M. Graf: *Briefe*, S. 134.
[42] O. M. Graf: *Brief aus den USA*. In: *IL*, Moskau, 7/1939, S. 153.

onen bei ihren Hilfsaktionen zu erreichen. Er wurde darin vom Ehrenpräsidenten Thomas Mann aktiv unterstützt.[43] Im Januar 1939 konnte Graf den Mitgliedern des Verbandes in einem Rundschreiben mitteilen, nach langen Mühen sei es gelungen, die Beschaffung von Affidavits in die Hände einer zentralisierten Affidavit-Kommission zu legen, an der alle entscheidenden Gruppen mitarbeiten. Nicht ohne Stolz verweist er darauf, der Verband sei von den großen Organisationen als »ein Clearing-House in dieser Frage anerkannt worden, soweit es sich um Schriftsteller und Journalisten handelt«.[44] Auf einer Reise nach Kalifornien gelang es Manfred Georg, auch in Hollywood ein Affidavit-Komitee zu gründen, das mit dem in New York direkt zusammenarbeiten sollte.[45] Für Graf war es auch deshalb wichtig, die Hollywooder Kreise zur Mitarbeit zu gewinnen, weil er damit die Position des SDAS insgesamt glaubte stärken zu können.[46]

Das war notwendig, denn leicht war es nicht, Existenz und Arbeitsfähigkeit des Verbandes zu sichern und ihm öffentliche Aufmerksamkeit und Geltung zu verschaffen. Über den Erfolg oder Misserfolg der ersten öffentlichen Versammlung am 14. Oktober ist nichts bekannt. Man kann annehmen, dass es in ihr vor allem darum ging, über Aufgaben und Ziele des Verbandes zu informieren und neue Mitglieder zu gewinnen. Zumindest das letztere scheint gelungen zu sein – schon im November waren etwa zwanzig Neuaufnahmen zu verzeichnen. Jedenfalls vermittelt Ernst Bloch seinem Freund Wieland Herzfelde, der noch immer ohne Affidavit in Frankreich saß, seinen Eindruck, dank des »eifrig-tüchtigen Manfred Georg« beginne Betrieb in den SDAS zu kommen.[47] Die Reihe öffentlicher

[43] Vgl. Thomas Mann: *Briefe 1937–1947*, (Hg.) Erika Mann, Berlin und Weimar 1965. – Vgl. An Cordeil Hüll 25.10.1938 (S. 64f.); An Oskar Maria Graf 1.11.1938 (S. 65f.); An Oskar Maria Graf 22.11.1938 (S. 69).
[44] O. M. Graf: *Briefe*, S. 131.
[45] O. M. Graf an Manfred Georg 9.1.1939. DLA Marbach, A: George 75.2683/2-8; Manfred Georg an O. M. Graf 2.2.1939. DLA Marbach A: George 75.4690/2-6.
[46] O. M. Graf an Manfred Georg 3.2.1939. DLA Marbach, A: George 75.2683/2-8.
[47] E. Bloch an W. Herzfelde 9.12.1938. In: Bloch/Herzfelde: *Briefwechsel*, S. 28.

Veranstaltungen des Verbandes begann Mitte Dezember 1938 mit einem werbenden Abend über »Freie deutsche Dichtung«.[48] Ernst Bloch charakterisiert ihn in einem Brief sarkastisch als einen »Kunst-, auch Schnadahüpferlabend, der den Amerikanern Herz und Portemonnaie etwas lockern soll«.[49] Dass man gern die Verbandskasse aufgebessert hätte, ist wahr, aber ansonsten ist Blochs Charakteristik wenig zutreffend. Der literarisch-musikalische Abend unter dem Motto »Freie Kunst« am 13. Dezember in der Steinway Hall war ein Auftakt zur Verbandsarbeit, der sich sehen lassen konnte. Einem Bericht im *Deutschen Volksecho* ist zu entnehmen, dass – nach einer Begrüßung durch Oskar Maria Graf – der Theologe Professor Paul Tillich die Festrede über »Die Aufgaben des deutschen Künstlers im Ausland« hielt. Dann wurden Gedichte von Johannes R. Becher, Bertolt Brecht und Stefan Heym vorgetragen. Martin Gumpert las aus seiner Autobiografie über seine ersten Eindrücke in Amerika und ein neuer Roman Walter Schönstedts wurde mit einem Kapitel vorgestellt. Im musikalischen Teil des Abends kam Hanns Eislers Klaviersonate opus I zum Vortrag – der Berichterstatter urteilt, das Werk sei melodienreich und packend und der moderne Stil werde weniger durch aufdringliches Kompliziertheit als durch aufrüttelnden Rhythmus wirksam. Schließlich folgten noch Lieder von Brahms und Schubert als Reverenz an die deutsche Musiktradition und das mehrheitlich bildungsbürgerlich geprägte Publikum. Erschienen waren immerhin 250 Zuhörer, die – dem Bericht zufolge – dem Programm mit gespannter Aufmerksamkeit folgten. Mit diesem erfolgreichen Abend, so schließt der Berichterstatter, sei der Schutzverband ein beträchtlicher Faktor im deutschamerikanischen Kulturleben geworden.[50] Ein zweiter Abend wurde vom Vorsitzenden des Deutschamerikanischen Kulturverbands Otto Sattler bestritten, dem – nach Grafs Urteil – »besten Ken-

---

[48] O. M. Graf: *Brief aus den USA*, S. 152.
[49] Bloch/Herzfelde: *Briefwechsel*, S. 28.
[50] Schriftstellerverband hält erfolgreiche Versammlung ab. Ein Abend »Freie Kunst« zeigt die wahrhafte deutsche Kultur. In: *Deutsches Volksecho*, New York, v. 21.12.1938, S. 7. – Vgl. auch: *Freie Kunst. Ein literarisch-musikalischer Abend*. In: *Deutsches Volksecho*, New York, v. 3.12. 1938, S. 11.

ner der Geschichte der USA«. Er sprach über Hitler-Agenten in den Vereinigten Staaten.[51]

Otto Sattler gehörte auch zu einem Kreis von Leuten, die eine »groß aufgemachte deutsche Tageszeitung« gründen wollten. Wie es scheint, hatte in dieser Sache Ernst Bloch die Initiative[52], und er war es auch, der Thomas Mann als Herausgeber zu gewinnen versuchte. Der soll sich sogar interessiert gezeigt haben[53], doch über vage Überlegungen und Vorabsprachen scheint der Plan dann doch nicht hinausgelangt zu sein. Ein solches Unternehmen zu finanzieren, war wohl von vornherein illusionär. Anfang Februar zog sich Sattler ernüchtert und kleinlaut von dem Projekt zurück.[54] Dagegen konnte der Schutzverband einer Forderung gerecht werden, die auf der Gründungsversammlung erhoben worden war: Wege zu finden, die recht bescheidene deutschamerikanische Presse mit einer Presse-Korrespondenz gegen die Nazi-Propaganda zu unterstützen. Schon nach zwei Monaten berichtet die linksorientierte amerikanische Zeitschrift *The Nation* von der Gründung einer »G. A. W. A.-Korrespondenz«. Sie wende sich an 120 deutsch-amerikanische Zeitungen, deren »schwache Finanzmittel sie zur leichten Beute offener und versteckter Nazi-Propaganda machen«.[55] Dieser Press Service der GAWA für deutschsprachige Blätter in den USA kam seit dem 15. Januar 1939 heraus und konnte – wie dem »Rundschreiben 8« der GAWA vom 9.1.1939 zu entnehmen ist – auch von Mitgliedern und Freunden des Verbandes

---

[51] O. M. Graf: *Brief aus den USA*, S. 152. – Die enge Beziehung des SDAS zu Otto Sattler geht daraus hervor, dass zur Feier von Sattlers 50-jährigem Wirken für Fortschritt und Kultur vom SDAS und DAKV ein gemeinsames Festdinner im großen Saal des Labor Temple in New York veranstaltet wurde. Vgl. Ein vorbildlicher Deutscher. In: *Aufbau*, New York, v. 26.1.1940.
[52] Bloch/Herzfelde: *Briefwechsel*, S. 28f.
[53] O. M. Graf an Manfred Georg 13.1.1939. DLA Marbach, A: George 75.2683/2-8.
[54] O. M. Graf an Manfred Georg 3.2.1939. DLA Marbach, A. George 75.2683/2-8.
[55] Zit. nach Will Schaber: Das war die »G. A. W. A.«. In: *Aufbau*, New York, 12.3.1982. – Albert Lestoques Nachlass, auf den sich Will Schaber beruft, informiert über die Arbeit des Exil-Schriftstellerverbandes.

zum Preis von zwei Dollar bezogen werden.[56] Ob der Dienst, wie angekündigt, tatsächlich zweimal monatlich bis zum Januar 1940 erschienen ist, geht aus den mir bekannten Quellen nicht hervor. Doch belegt ein Brief Hans Wallenbergs, der nach der Abreise Manfred Georgs geschäftsführender Sekretärs des Verbandes geworden war, dass die ersten beiden Nummern Anfang März 1939 bereits erschienen und weitere in Vorbereitung waren. Mit einiger Wahrscheinlichkeit zeichnete Wallenberg für die Redaktion verantwortlich[57], und seit Beginn des Jahres 1939 war auch der Journalist und Schriftsteller Will Schaber maßgeblich an der redaktionellen Arbeit beteiligt, der seinerseits Albert Lestogue gewonnen hat, Beiträge aus europäischen Blättern für den Press Service zu liefern.[58] Der Pressedienst vermittelte – wie man aus dem Briefwechsel zwischen Wallenberg, Schaber und Lestogue schließen kann – Nachrichten aus der internationalen Presse und Texte von Mitgliedern des Verbandes. Wie O. M. Graf berichtet, kam dieser Pressedienst zum Teil auch in englischer Sprache heraus.[59] Einnahmen brachte er dem Verband allerdings nicht, sondern kostete nur.[60]

Einiges war also erreicht worden, aber dennoch bestand wenig Grund zur Zufriedenheit. An seine Freunde Wieland und Trude Herzfelde schrieb Oskar Maria Graf im Januar 1939, ihm gehe es schlecht, weil er nichts anderes mehr tue, als »für andere herumzurennen und zu schreiben und sorgen, dass sie herkommen können«. Zur eigenen Arbeit komme er nicht mehr. Zwar, meint er, sei es erfreulich, dass der SDAS »ganz passabel funktioniert«, wirklich arbeiten würden jedoch nur Manfred Georg, Walter Schönstedt und er selber. Der übrige Vorstand bestehe

---

[56] German American Writers Assoziation Rundschreiben 8, 9. Januar 1939. DLA Marbach A: George 75.2683/2; German American Writers Assoziation Rundschreiben No. 9, 20. Januar 1939. – Bisher konnte ich in den einschlägigen Archiven kein Exemplar des Press Service der GAWA auffinden.
[57] Vgl. Hans Wallenberg an Dr. Albert Lestoque 2.3.1939. IfZ Dortmund, GAWA II AK 2003/75-50.
[58] Will Schaber an Dr. Lestoque 10.1.1939; Will Schaber an Dr. Lestoque 30..1939; Dr. A. Lestoque an Will Schaber 1.2.1939. IfZ Dortmund, GAWA II AK 2003/75-50.
[59] O. M. Graf: *Brief aus den USA*, S. 152.
[60] O. M. Graf: *Briefe*, S. 134.

aus »eitlen, engstirnigen (...) Kollegen«, die »nur Vorträge halten« wollen und »Diva-Ansprüche« stellen. Am liebsten, würde er »mit ihnen nichts mehr zu tun haben« – derzeit sei das freilich unmöglich.[61]

Um die Jahreswende 1938/39 drohte der Verband schon in eine Existenzkrise zu geraten, nicht zuletzt, weil kein Geld da war. Manfred Georg, der bis dahin als Sekretär des SDAS die Geschäfte geführt hatte, war Anfang Januar 1939 zu einer Reise an die Westküste aufgebrochen, um Verbindung zu den Filmleuten in Hollywood aufzunehmen. Vor allem wollte er dabei Geldgeber für die laufende Arbeit des Verbands finden und die Suche nach Affidavits für Flüchtlinge aus Europa intensivieren. Die Geschäftsführung hatte er an seinen Nachfolger Hans Wallenberg übergeben und er tat sich einiges darauf zugute, zum 1. Januar 1939 einen schuldenlosen Status und einen eingespielten Vorstand hinterlassen zu haben.[62] Oskar Maria Graf, der nun offenbar zum ersten Mal hautnah mit den tagtäglichen Geschäften im Büro des Verbandes konfrontiert wurde, sah das freilich anders. Vor allem bedrückte ihn die verzweifelte finanzielle Situation, denn Anfang Februar drohte allen Ernstes die Liquidation. »Man kann doch nicht« – klagt er in einem Brief an Manfred Georg – »Briefbogen drucken, Büro mieten, großkotzig tun und eine unendliche Kleinarbeit leisten (...) und dann einfach alles auflösen!« Mindestens 1000 bis 2000 Dollar seien nötig, um unabhängig und fruchtbar arbeiten zu können. Unbedingt und sofort aber müssten 200 Dollar her, um wenigstens die Büroräume halten zu können.[63] Manfred Georg konnte tatsächlich Geld überweisen, und am 11. März dankt ihm Graf für seine »Geld- und sonstigen Abkommen«. Auf der Vorstandssitzung habe es ein allgemeines Lob für Georges Tätigkeit gegeben.[64]

[61] O. M. Graf: *Briefe*, S. 133.,
[62] Manfred Georg an O. M. Graf, Hollywood 16.1.1939. DLA Marbach, A: George 75.4690/2-6. – In der Sache bedeutete das, dass er die Telefonrechnung und die fällige Miete aus eigener Tasche bezahlte.
[63] O. M. Graf: *Briefe*, S. 133/134.
[64] DLA Marbach, A: George 75.2683/7. – Hans Wallenberg spricht in einem Brief von einem »großen Scheck«. Vgl. Hans Wallenberg an Manfred Georg 11.3.1939. IfZ Dortmund GAWA II AK 2003/75-50.

## Die Umstellung des Vorstands

Ohne Zweifel hatte Manfred Georg im ersten Vierteljahr als Sekretär und Geschäftsführer die Hauptlast der Büroarbeit getragen und alle Fäden der verzweigten Aktivitäten des Vorstands in der Hand behalten. Graf hatte nach seiner Abreise sichtlich Mühe, diese Fäden aufzunehmen und alle in Gang gesetzten Bemühungen und Projekte am Laufen zu halten, zumal auch Hans Wallenberg sich erst in seine Aufgaben einarbeiten musste. Graf und Georg waren eng miteinander vertraut und stimmten in Ansichten und Urteilen weitgehend überein. Was jedoch die praktische Umsetzung gemeinsamer Vorhaben und Ziele anging, war der erfahrene Pressemann Manfred Georg eindeutig der Überlegene. Er fehlte deshalb in der alltäglichen Arbeit sehr, und sein Partner Graf erlebte die Situation im Büro als heillos desorganisiert. In harschen Briefen warf er seinem Freund vor, zu viel auf einmal angepackt und damit den Vorstand in Kalamitäten gebracht zu haben.[65] Die Liste seiner Beschwerden reicht vom Vorwurf, eine unfähige Sekretärin eingestellt zu haben, bis zur unzureichenden Vorbereitung einer Abendveranstaltung mit Ernst Bloch.[66] Das bezieht sich auf einen Vortrag Blochs mit dem Titel »Zerstörte Sprache – zerstörte Kultur«[67], der von den »Gefahren einer (...) Abkehr von Deutschland«[68] handelte, die unter Immigranten verbreitet seien. Vorgetragen hat Bloch seine Studie über Sprache im Exil am 5. Januar 1939, nach seiner eigenen Einschätzung mit lebhafter Beteiligung des Publikums und anhaltender Diskussion über die damit verbundenen Probleme.[69] Manfred Georg hatte Bloch zunächst als einzigen Redner

---

[65] O. M. Graf an Manfred Georg 9.1.1939. DLA Marbach, A: George 75.2683/2.
[66] O. M. Graf an Manfred Georg 9.1.1939. DLA Marbach, A: George 75.2683/2.
[67] Ernst Bloch: *Vom Hasard zur Katastrophe. Politische Aufsätze aus den Jahren 1934–1939*, zusammengestellt von Volker Michels, mit einem Nachwort von Oskar Negt. Frankfurt a. M. 1972, S. 403ff.
[68] Ernst Bloch/Wieland Herzfelde: *Briefwechsel*, S. 28.
[69] Ernst Bloch an Fritz Erpenbeck 16.1.1939. RGALI Moskau, 631/12/154,38. – Ein ausführlicher Bericht über die Veranstaltung findet sich in: *Deutsches Volksecho*, New York, v. 14.1.1939, S. 5. Darin heißt es, Bloch habe auf die Abhängigkeit des sprachlichen Ausdrucks vom gesellschaftlichen Erleben verwiesen und betont, die Sprache des Schrift-

vorgesehen, im Vorstand wurde dann beschlossen, auch Wallenberg reden zu lassen, offenbar um den Abend vor unliebsamen Überraschungen zu sichern.[70] Das hatte – wie Graf vorwurfsvoll berichtet, einen »offenen Krach« zwischen beiden Rednern zur Folge.[71] Wieso Georgs Vorbereitung dafür verantwortlich sein sollte, ist freilich nicht einzusehen, zumal diese Veranstaltung erst eine Woche nach seiner Abreise stattfand und damit genügend Zeit für Korrekturen des Programms vorhanden gewesen wäre.

Verständlicherweise reagierte Manfred Georg gekränkt und verärgert auf Grafs rüde Kritik, die er – mit gutem Recht – als höchst ungerecht empfand. Ohne Mängel zu leugnen, wies er die Behauptung zurück, die Büroarbeit desorganisiert zu haben. Wenn die begonnenen Dinge nur richtig von ein paar Mitgliedern aufgenommen worden wären, schrieb er, wenn »der PS (d. h. Press Service) vorgetrieben, die parties gemacht, die Radiobeziehungen gepflegt und die College- und Universitätsbeziehungen nicht immer bloss mit einer Lunchbesprechung geendet hätten, so wären wir weiter. Ich konnte schließlich nicht mehr als die Ausgangspunkte diktieren.«[72] Sollten aber Graf und der Vorstand der Meinung sein, seine Geschäftsführung habe dem Verband geschadet, werde er ohne Sentimentalität die Konse-

---

stellers, des Historikers und Soziologen sei unübersetzbar. Er habe zwei Typen der exilierten deutschen Schriftsteller benannt, den Typus des Assimilierten, der Sprache und Probleme der alten Heimat vergessen will und sich bemüht, Vollamerikaner zu werden, und den Typus des Einwanderers, der sich in seine Erinnerung einspinnt und deshalb nicht in den Geist seiner neuen Umgebung einzudringen vermag. Eingetreten sei er für eine Haltung, die sich – in der ganzen Welt – um eine reine Sprache, um Demokratie und Kultur bemüht und in engem Kontakt mit dem Ringen des unterirdischen, des wahren Deutschlands die Sprache der amerikanischen Demokratie zu sprechen lernt.

[70] Manfred George an O. M. Graf 16.1.1939. DLA Marbach, A: George 75.4690/2. – In der Ankündigung dieses Vertrags- und Diskussionsabends hieß es, zur Diskussion angemeldet hätten sich der bekannte Fachmann für Propaganda und Reklame Dr. W. Eliasberg und Hans Wallenberg. Vgl. *Deutsches Volksecho*, New York, v. 31.12. 1938.
[71] O. M. Graf an Manfred Georg 9.1.1939. DLA Marbach, A: George 75.2683/2.
[72] Manfred Georg an O. M. Graf 19.1.1939. DLA Marbach, A: George 75.4690/3.

quenzen ziehen.[73] In den folgenden Briefen kam Graf zur Besinnung und änderte die Tonart, vor allem aber sah er von weiteren Schuldzuweisungen ab. So zeigte sich auch Georg nicht nachtragend und kehrte vom verärgerten und rechtfertigenden Gestus zur sachlich-nüchternen Erörterung der anstehenden Probleme des Verbandes zurück. Denn er wusste ja, dass Graf die vertraute Aussprache mit ihm brauchte, um Klarheit über anstehende Fragen zu gewinnen. Und er wusste auch, dass die Funktionsfähigkeit und Existenz des Verbandes auf dem Spiel stand, und das nicht nur wegen seiner finanziellen Situation.

Schon im ersten Brief an den abgereisten Manfred Georg, der ja noch immer als Generalsekretär, wenn auch nicht mehr als Geschäftsführer des Verbandes fungierte, bestand Graf darauf, eine Umstellung des Vorstandes sei notwendig.[74] Eigens zu diesem Zweck sollte schon für Mitte Februar 1939 eine Mitgliederversammlung einberufen werden[75] – sie wurde dann allerdings auf den Beginn des März verschoben. Graf lässt keinen Zweifel, dass diese Umstellung einen politischen Hintergrund hatte. Denn er vermutete, Thomas Mann, der Ehrenpräsident der GAWA, ziehe sich sichtlich zurück, weil irgendwer den Verband als »rein kommunistisch« denunziert habe.[76] Man solle also – meint er deshalb – Thomas Mann in Ruhe lassen und möglichst ohne ihn auszukommen versuchen. Politisch erwartete Graf im Verband einen Ruck »in die Mittellinie«, also zur »bürgerlichen Demokratie« hin. Deshalb – mahnt er seinen Freund Georg – müsse von ihnen beiden alles versucht werden, die eigene Position im Vorstand zu halten, ohne andere abzustoßen.[77] Sicher ist sich Graf keineswegs, ob Bruckner und er selbst bei einer Neuwahl des Vorstandes die »Hauptmänner« bleiben

---

[73] Manfred George an O. M. Graf 16.1.1939. DLA Marbach, A: George 75.4690/2.
[74] O. M. Graf an Manfred Georg 9.1.1939. DLA Marbach, A: George 75.2683/2.
[75] O. M. Graf an Manfred Georg 13.1.1939. DLA Marbach, A: George 75.2683/3.
[76] O. M. Graf an Manfred Georg 13.1.1939. DLA Marbach, A: George 75.2683/3.
[77] O. M. Graf an Manfred Georg 23.1.1939. DLA Marbach, A: George 75.2683/4.

würden - auch wenn er es für wahrscheinlich hält. Für ihn ging es darum, zusammen mit Georg »die Macht« – das heißt den bestimmenden Einfluss – im Vorstand zu behalten. Nichts will er unversucht lassen, um das zu erreichen, weil er erkannt zu haben glaubte, dass »in Amerika Vereine mehr Macht haben als selbst ganz große Persönlichkeiten«. Dafür ist er sogar bereit, für einige Zeit auf mögliche eigene Einkünfte durch schriftstellerische Arbeit zu verzichten und alle Kraft auf den Verband zu konzentrieren. Von seinem Freund Manfred Georg fordert er so viel Aufopferungsbreitschaft zwar nicht, fragt ihn aber dennoch dringlich, wann er zurückkehren werde und ob er das überhaupt vorhabe[78] – das heißt, in welchem Maß er sich für künftige Verbandsarbeit zur Verfügung halten will.

Die Frage hatte freilich auch einen sehr praktisch organisatorischen Aspekt. Denn Hans Wallenberg, der neue geschäftsführende Sekretär, war keine sonderlich repräsentative Persönlichkeit, hatte sich aber rasch in sein Amt eingearbeitet. Er arbeite sehr gut und ordentlich, meint Graf, führe die Kasse korrekt, habe viel Praktisches durchgeführt und zeige auch als Büromensch Initiative. Nun wolle er jedoch wissen, ob er dauernd Sekretär bleiben solle oder nach Manfred Georgs Rückkehr wieder abtreten müsse. Offenbar zeige er wenig Lust, etwas anzufangen, was dann einem anderen den Ruhm einträgt.[79] Deshalb schlug Graf vor, Wallenberg im Zug der Umstellung des Vorstands als Sekretär zu behalten und Georg zum Vertreter des Vorstands im Büro des Verbandes zu machen. Die weiteren Vorschläge Grafs für den neuen Vorstand liefen darauf hinaus, der veränderten Situation gerecht zu werden und zwischen den verschiedenen Gruppierungen und Interessen im Verband zu vermitteln. Das bedeutete vor allem, Parteikommunisten möglichst draußen zu lassen, dagegen bekannte Leute wie Bruno Frank, Ernst Toller und Martin Gumpert, Prof. Tillich und vielleicht sogar Prinz Löwenstein hineinzunehmen. Felix Boenheim und Walter Schoenstedt hatten bereits angekündigt, nicht mehr für den Vorstand

---

[78] O. M. Graf an Manfred Georg 23.1.1939. DLA Marbach, A: George 75.2683/4.
[79] O. M. Graf an Manfred Georg 28.2.1939. DLA Marbach, A: George 75.2683/6.

zu kandidieren.[80] Die Frage nach der Rolle Manfred Georgs erledigte sich wenig später insofern, als er schon Anfang Februar wissen ließ, er solle Chefredakteur der Zeitschrift *Aufbau* in New York werden.[81] Von Graf wollte er nun seinerseits wissen, ob er in diesem Fall als Sekretär der GAWA demissionieren müsse.[82] Er musste es nicht, aber dass er für die Führung der laufenden Geschäfte nicht mehr in Frage kam, verstand sich in dieser Situation von selbst.

Die Mitgliederversammlung vom Anfang März 1939 markiert den Abschluss der Gründungs- und Konsolidierungsphase der GAWA. Wann genau diese Versammlung stattgefunden hat, geht aus den mir bekannten Quellen nicht hervor, doch dass sie durchgeführt wurde, bestätigt eine Mitteilung im *Deutschen Volksecho*, in der über diese Mitgliederversammlung des Verbandes und den Rückblick auf die sechs Monate seines Bestehens informiert wird.[83] Die Ergebnisse sind auch in einem gedruckten Prospekt der GAWA in englischer Sprache[84] festgehalten worden, der nicht nur eine ausführliche Halbjahresbilanz enthält, sondern auch eine Mitgliederliste mit 120 Namen veröffentlicht und die Veränderungen im neu gewählten Vorstand präsentiert. Unter der Überschrift »The officers of the GAWA« werden aufgeführt: Thomas Mann als Honorary President, Oskar Maria Graf als President, als Vice-Presidents Ferdinand Bruckner (for the East) und Bruno Frank (for the West). Manfred Georg firmiert als General Secretary, Hans Wallenberg als Executive Secretary, und als Aides (Mitarbeiter/Beisitzer) werden Albert Lestoque und Will Schaber genannt. Als Mitglieder eines Ad-

---

[80] O. M. Graf an Manfred Georg 28.2.1939. DLA Marbach, A: George 75.2683/6; O. M. Graf an Manfred Georg 23.1.1939. DLA Marbach, A: George 75.2683/4.
[81] Vgl. Christoph Eykman: *Manfred George und der »Aufbau«. Ihre Bedeutung für die deutsche Exilliteratur in den USA*. In: *Deutschsprachige Exilliteratur seit 1933*. Band 2 New York, S. 1385ff. – Georges Tätigkeit im SDAS spielt in dieser Darstellung keine Rolle.
[82] Manfred Georg an O. M. Graf 2.2.1939. DLA Marbach, A: George 75.4690/5.
[83] Neue Abende des Deutsch-Amerikanischen Schriftstellerverbandes. In: *Deutsches Volksecho*, New York, v. 22.4.1939, S. 7.
[84] (Prospekt, vier Druckseiten ohne Titelblatt aus dem Nachlass Oskar Maria Grafs, ca. März 1939). BSB München, Teilnachlass O. M. Graf.

visory Council (Beratergremium) figurieren Ernst Bloch, Stefan Heym, Julius E. Lips, Erika Mann, Curt Riess, Otto Sattler, Gerhart H. Seger, Harry Slochower und Paul Tillich. Das entspricht im Großen und Ganzen der Vorstellung Oskar Maria Grafs von einer ausgewogenen Vertretung der verschiedenen Interessenrichtungen im Verband.

Der Prospekt richtet sich als Werbeschrift an amerikanische Leser, die als Freunde und Sponsoren gewonnen werden sollen.[85] Deshalb enthält er die wichtigsten Passagen aus dem Statut des Verbandes, versucht knapp zu formulieren, was die progressiven deutschen Schriftsteller in der Welt bisher erreicht haben, und charakterisiert in wenigen Sätzen die German-American Writers Association und ihre Ziele. Der Verband wird vorgestellt als einzige Berufsorganisation deutscher und deutschamerikanischer antifaschistischer Schriftsteller und als eine politisch unabhängige Organisation, deren Mitgliedschaft alle Glaubensrichtungen, Rassen und politischen Überzeugungen – mit Ausnahme totalitärer Doktrinen – umfasst. Als Zentrum des lebendigen, wahren und kreativen Deutschlands in den USA kämpfe die GAWA für dieses wahre Deutschland, um der Welt zu zeigen, dass das Hitlerregime undeutsch und absurd sei. Es folgt eine Zusammenstellung der Aktivitäten und eine Bilanz der ersten sechs Monate der GAWA. Alle namhaften deutschen Schriftsteller in den USA – heißt es darin – hätten sich angeschlossen, fünfzehn Veranstaltungen (events) seien organisiert worden und hätten bei Deutschen und Amerikanern lebhaftes Interesse geweckt.[86] Des weiteren wird auf den Pressedienst

---

[85] Vgl. O. M. Graf an Manfred Georg 28.2.1939. DLA Marbach, A: Georg 75.2683/6. – Graf schreibt: »(...) wir wollen eine Mitgliederliste und einen Prospekt drucken lassen, die wir Geldgebern vorlegen können.« Dazu seien bekannte Namen wie Berthold Viertel nötig.

[86] Eine Liste der Beteiligten enthält folgende Namen: Günther Anders (Stern), Ernst Bloch, H. H. Borchardt, Ernst Deutsch, Alfred Döblin, Bruno Eisner, Peter Flamm (Mosse), Bartold Fies, Olga Fuchs, Joe Gassner (Hirsch), Manfred Georg, Oskar Maria Graf, Martin Gumpert, Ludwig Hardt, Hans Joachim Heinz, Quincy Howe, Eva Hyde, Edward Kern, Annette Kolb, Albert Lestoque, Beatrice Lind, Emanuel List, Ludwig Marcuse, Lisa Markah, Emil Oprecht, Guenther Reinhardt, Otto Sattler, Will Schaber, Heinrich Schnitzler, Walter Schönstedt, Erwin Scharff, Gerhart H. Seger, Johannes Steel, Eduard Steuermann,

(Press Service) verwiesen, der an etwa vierzig deutsch-amerikanische Zeitungen versandt werde. Hervorgehoben wird die Unterstützung für bedürftige Schriftsteller und Künstler, besonders durch immigration affidavits, Einladungen und finanzielle Hilfe. Außerdem sei einigen Mitgliedern ein mehrwöchiger Ferienaufenthalt außerhalb New Yorks ermöglicht worden. Zum Schluss zitiert der Prospekt Grußworte und Würdigungen amerikanischer Freunde.

## Ein Streit

An Bernhard Menne schreibt Oskar Maria Graf Mitte März 1939, die Gründung des Schutzverbandes sei notwendiger gewesen als zunächst angenommen und bewähre sich nun. »(W)ir haben es fertiggebracht, die 90 Schriftsteller der deutschen und österreichischen Emigration unter einen Hut zu bringen und haben eine wirklich funktionierende Organisation aus dem Nichts aufgebaut.«[87] Mit einiger Berechtigung konnte er in einem ausführlich informierenden »Brief aus den USA« nach Paris und Moskau – er ist vermutlich ebenfalls im März 1939 geschrieben worden[88] – feststellen, der SDAS sei rasch zur »repräsentativen Organisation freiheitlicher deutscher Schriftsteller« geworden. Diese Information über seinen Verband schickte Graf sowohl an die Moskauer Zeitschrift *Internationale Literatur* als auch an das Pariser Wochenblatt *Die Zukunft*, ein Blatt Willi Münzenbergs, der sich zu jener Zeit von der kommunistischen Bewegung Moskauer Prägung losgesagt hatte.[89] Auch damit wollte Graf demonstrativ – trotz seiner langjährigen Sympathien für die kommunistische Bewegung – seine politische Unabhängigkeit klarstellen.

---

Paul Tillich, Ernst Toller, Bodo Uhse, Ignatz Waghalter, Ernst Waldinger, Hans Wallenberg, Friedrich Weiss, Paul Willert, Karl August Wittfogel und Arnold Zweig.
[87] O. M. Graf an Bernhard Menne 14.3.1939. O. M. Graf: Briefe, S. 136.
[88] O. M. Graf: *Brief aus den USA*, S. 152.
[89] O. M. Graf: *Exil Amerika und die freiheitlichen deutschen Schriftsteller*. In: *Die Zukunft* 1939/15, vom 14.4.1939, S. 6. – Diese erste Publikation enthält Passagen, die in der Fassung der *Internationalen Literatur*, Moskau, gekürzt worden sind.

Das war bitter nötig, um das mühsam Erreichte zu sichern. Schon Anfang Januar hatte Graf – angesichts der drohenden Liquidation – Manfred Georg beschworen, der Verband müsse »bleiben und sogar etwas ganz Starkes werden, trotz der offenbaren Widerstände seitens der American Guild for German Cultural Freedom und der ›Verdächtiger‹ in den verschiedenen Lagern«.[90] Im Klartext meint das die immer wieder verbreiteten Behauptungen, der SDAS sei eine verkappte kommunistische Organisation. Dem suchten Bruckner und Graf entgegenzuwirken, indem sie sich um engere Beziehungen zum Schutzverband deutscher Schriftsteller in Paris bemühten, das heißt zu den Schriftstellern im europäischen Exil.[91] Mitte des Jahres war endlich eine »feste, dauerhafte Verbindung« hergestellt.[92] Offenkundig berücksichtigte Graf dabei jedoch nicht, dass der Pariser Verband schon längst den gleichen Verdächtigungen ausgesetzt war.[93] Was aber die Widerstände seitens der American Guild for German Cultural Freedom und die ihr angeschlossene Deutsche Akademie anging, so artikulierte Graf ein Konkurrenzverhältnis, das schon die Gründung seines Verbandes überschattet hatte.

Die American Guild war von Prinz Hubertus zu Löwenstein mit Hilfe amerikanischer Sponsoren gegründet worden und hat mit ihren »Stipendien« nicht wenigen emigrierten Schriftstellern in schwierigen Zeiten monatelang das Nötigste für ihrem Lebensunterhalt gesichert.[94] Als Gutachter für die Anträge auf finanzielle Unterstützung fungierten namhafte Persönlichkeiten, die Löwenstein als »Senatoren« seiner Deutschen Akademie

[90] O. M. Graf an Manfred Georg 9.1.1939. DLA Marbach, A: George 75.2683/2.
[91] O. M. Graf an Manfred George 11.3.1939. In: O. M. Graf: *Briefe*, S. 135. – Ein Zweig des SDS in Paris, wie das zunächst angestrebt war, ist der SDAS nie gewesen.
[92] O. M. Graf an Apletin 2.7.1939. RGALI Moskau, 631/11/420,4.
[93] Zum Pariser Schutzverband Deutscher Schriftsteller im Exil vgl. Dieter Schiller: »...*weniger Interessen- als Kampfverband*«. Der Schutzverband deutscher Schriftsteller in Paris während der ersten Jahre des Exils. In: D. Schiller: *Im Widerstreit geschrieben. Vermischte Texte zur Literatur 1966–2006*. Berlin 2008, S. 219ff.
[94] Werner Berthold, Brita Eckert und Frank Wende: *Deutsche Intellektuelle im Exil*, S. 115ff.

gewonnen hatte. Zu ihnen gehört auch Graf, und er war darüber hinaus ebenfalls in den Genuss von Stipendien gekommen.[95] Wie es scheint, fühlte er sich bei seiner Ankunft in den Vereinigten Staaten im guten Einvernehmen mit der American Guild. Deshalb hatte er auch den wichtigsten Mann in New York und engen Vertrauten des Prinzen, Richard A. Hermann (d. i. Dr. Arnold Höllriegel), mehrfach zur Gründungsversammlung einladen lassen. Der erschien freilich nicht, sondern beklagte sich am Tag danach telefonisch bitter, Graf und die Seinen hätten mit der neuen Gründung der American Guild in den Rücken fallen wollen. Graf wies diese Behauptung in einem Brief an den Prinzen Löwenstein zurück und versicherte, das sei niemals die Absicht gewesen. Ohnehin könne der Verband nicht leisten, was die Guild geleistet habe. Weil in der Emigration alles vermieden werden müsse, was den Eindruck eines Gegeneinanders erwecken könne, bot Graf der American Guild eine enge Zusammenarbeit an, besonders was die Unterstützung der Kollegen in Europa anging.[96] Doch von Seiten der American Guild hielt man sich misstrauisch zurück. In einem persönlichen Gespräch im Januar stimmte Prinz Löwenstein zwar der Rolle des SDAS als »Clearinghouse« zu, lehnte aber jedes weitere Zusammenwirken ab. Er berief sich darauf, die American Guild sei eine amerikanische Hilfsorganisation und die Amerikaner wünschten keine Verkuppelung und noch weniger eine Kontrolle der Arbeit von außen. Prinz Löwenstein und seine Mitarbeiter waren vor allem besorgt, sie könnten als älteste Organisation am Ort durch den SDAS in den Hintergrund gedrängt werden. Wie Graf berichtet, brachte der Hinweis, die American Guild könne weder deutsche Schriftsteller fachlich beraten, noch einen Pres-

---

[95] O. M. Graf an die American Guild für German Cultural Freedom 17.2.1938. In: Oskar Maria Graf: *Briefe aus dem Exil*. Aus unveröffentlichten Beständen der Deutschen Bibliothek, (Hg.) Brita Eckert und Werner Berthold. Frankfurt a. M 1978, S. 120; vgl. auch seine Befürwortungen für Günther Anders, Fritz Brügel, Otto Friedländer, Stefan Heym, Maria Leitner, Bernhard Menne, Karl O. Paetel, Karl Schück, Ludwig Winder, Erich Franzen, Karl Gerold, Will Schaber, Fritz Weiß, Kurt Hellmer, Karl Heidenreich und Ludwig Wronkow.
[96] Oskar Maria Graf an Prinz Hubertus zu Löwenstein 14.10.1938. In: O. M. Graf: *Briefe aus dem Exil*, S. 49.

se-Dienst redigieren, den Prinzen zum Schweigen. Doch zu einer Kooperation fand er sich nicht bereit.[97]

Das war Auftakt zu langwierigen Kontroversen, die von beiden Seiten genährt wurden. Dabei spielte eine Rolle, dass Graf sich persönlich ungehalten zeigte, weil ihm – trotz seiner eklatanten Notlage – eine Bitte um nochmalige Unterstützung durch die American Guild verweigert wurde.[98] Die Begründung, es sei kein Geld vorhanden, wollte er nicht akzeptieren[99], und so begann ein unerfreulicher Kleinkrieg.[100] Als bekannt wurde, eine Manuskriptversteigerung habe der American Guild $ 5000.– eingebracht, ging der SDAS in die Offensive und verschickte ein Rundschreiben an alle seine Mitglieder mit der Frage, ob sie bedürftig seien, und wenn ja, ob sie aus diesen Geldern von der American Guild bedacht worden seien. Das war natürlich eine gezielte Stichelei, die zudem auf falschen Voraussetzungen beruhte, weil die American Guild diese Einnahmen mit zwei anderen Veranstaltern hatte teilen müssen. Kein Wunder, dass nun wiederum dem SDAS von Seiten der Mitarbeiter und Freunde der Guild Unkorrektheit in seiner Information vorgeworfen wurde.« Curt Riess empörte sich über das taktlose Vorgehen des Vorstandes der GAWA, und Klaus und Erika Mann verteidigten die American Guild entschieden gegen den indirekten Vorwurf, Gelder unterschlagen zu haben, die für die zur Unterstützung notleidender Schriftsteller bestimmt waren. Sie verwiesen auf die scholarships (Stipendien), die vielen Autoren gewährt worden waren und zeigten sich – auch im Namen ihres Vaters Thomas Mann – durch die Entgleisung des SDAS-Vorstandes gekränkt. Klaus Mann drohte sogar mit ihrem gemeinsamen

---

[97] O. M. Graf an Manfred Georg 3.2.39. DLA Marbach, A: George 75.2683/5.

[98] O. M. Graf an Prinz Hubertus zu Löwenstein 14.10.1938. In: Oskar Maria Graf: *Briefe aus dem Exil*, S. 49; O. M. Graf an Herrn Dr. A. Höllriegel-Bermann 6.12.1938, ebd. S.51.

[99] O. M. Graf an Manfred Georg 3.2.1939. DLA Marbach, A: George 75.2683/5. – Graf schreibt, es gehe ihm finanziell beschissen, bald werde der letzte Groschen weg sein. Die Guild, bei der er um einen Arbeitszuschuss gebeten habe, rede sich darauf hinaus, sie habe kein Geld und sehr dringende Europafälle.

[100] O. M. Graf an Manfred Georg 28.2.1939. DLA Marbach, A: George 75.2683/6.

Austritt aus dem Verband, falls die Kampagne nicht aufhöre.[101] Die Sache konnte zwar Ende März in einem Gespräch beigelegt werden, aber ein Rest blieb. In seinem Tagebuch charakterisiert Klaus Mann seinen Gesprächspartner Oskar Maria Graf als »bäurisch-charmant«, doch »nicht ohne Tücke«.[102] Von Seiten des SDAS ließ man nun gezielt einen Brief folgen, den Vizepräsident Ferdinand Bruckner im Auftrag des Vorstands an die Juroren eines von der American Guild veranstalteten literarischen Preisausschreibens richtete[103] – eines Preisausschreibens, dessen Ergebnisse tatsächlich skandalös lange auf sich warten ließen.[104]

In diesem Fall konnte man sich darauf berufen, die Interessen von Mitgliedern zu vertreten, deren Manuskripte durch diese Verzögerung blockiert waren – zu ihnen gehörte übrigens auch Graf selbst. Unternehmen wollte er allerdings in dieser Angelegenheit zunächst nichts, sondern nur Druck machen. Er ging durchaus davon aus, es werde nach dieser Aktion abermals »Stunk geben«, zeigte sich aber überzeugt, die Aktion werde wirken.[105] Die Beziehungen zur Familie Mann, die sich so eindeutig für die American Guild ausgesprochen hatte, wa-

---

[101] Klaus Mann an German-American Writers Association, 2.3.1939. In: Klaus Mann: *Briefe und Antworten*, S. 372f.; Erika Mann an German-American Writers Association 1.3.1939, Deutsches Exilarchiv, AmGuild.

[102] Klaus Mann: *Tagebücher 1938–1939*, (Hg.) Joachim Heimannberg, Peter Lämmle und Wilfried F. Schoeller. München 1990, S. 93.

[103] Vgl. Werner Berthold u. a.: *Deutsche Intellektuelle im Exil*, S. 370ff.

[104] O. M. Graf an Manfred Georg 28.2.1939. DLA Marbach, A: Georg 75.2683/6. – Diese Aktion des SDAS zog sich bis weit ins Jahr 1940 hin. Nach einigem Hin und Her schlug Graf endlich vor, geschädigten Einsendern, die in die engere Wahl gezogen worden waren und sich in großer Not befinden, einen bestimmten Betrag zukommen zu lassen (O. M. Graf an American Guild for German Cultural Freedom 19.2.1940. DEA Frankfurt, AmGuild.). Dem widersprach die American Guild, weil nach ihrem Dafürhalten von einer Schädigung nicht die Rede sein könne und die Mehrzahl der Einsender ohnehin zu den von ihr unterstützten Autoren gehöre (American Guild for German Cultural Freedom, Assistant Secretary an President O. M. Graf, German-American Writers Association 21.2.1940. DEA Frankfurt, AmGuild).

[105] O. M. Graf an Manfred Georg 28.2.1939. DLA Marbach, A: Georg 75.2683/6.

ren nun stark belastet, und von Seiten der American Guild hatten die Leute vom Vorstand des Schriftstellerverbandes künftig nichts Gutes zu erwarten. Auch wenn sich nach der erwähnten Aussprache »der Sturm gelegt« und die Dinge beruhigt hatten, ging Graf davon aus, es sei sicher, dass man künftig von Seiten der American Guild »unterirdisch gegen uns hetzen« werde.[106] Illusionen darüber, dass vom Ehrenpräsidenten noch allzu viel für den Verband zu erwarten wäre, hegte er nun nicht mehr. Dennoch betrachtete es Graf – seltsamerweise – als einen Sieg, dass die Rundfrage ein starkes Echo gefunden hatte und nun sowohl Thomas Mann als auch Vertreter der American Guild vom Verband Angaben über Schriftsteller in Not erbaten.[107] Damit – so scheint es mir – suchte er sich die verfahrene Lage schön zu reden, denn der Konflikt, der nur mühselig beigelegt werden konnte, hatte Unmut geweckt und die Atmosphäre unter den Schriftsteller-Emigranten merklich belastet. Die »Offensive« des SDAS brachte wenig Geländegewinn und viele Querschläger.

### Die Veranstaltungen

Von außen gesehen verlief die Konsolidierung des Verbandes jedoch recht erfolgreich. Das ist nicht zuletzt an der Veranstaltungsfolge abzulesen, die sich im Großen und Ganzen rekonstruieren lässt und in ihrer Profilierung klar überschaubar ist. Ein Abend mit Ernst Toller am 12. Januar wurde von Oskar Maria Graf eingeleitet. Graf begrüßte den Schriftsteller Toller als einen Handelnden, einen, der mit der Besessenheit des schöpferischen Menschen die Welt mobil zu machen verstehe. Durch seine Solidarität habe er vielen emigrierten Schriftstellern geholfen, aus einer »eisigen Vereinsamung«, aus »Elend und Verzweiflung« herauszufinden und wieder Mut zu fassen. Das sei wichtig, weil deutsche Schriftsteller als eine Gemeinschaft der amerikanischen Öffentlichkeit begreiflich machen könnten, dass zwischen

---

[106] O. M. Graf an Manfred Georg 11.3.1939. DLA Marbach, A: Georg 75.2683/7.
[107] O. M. Graf an Manfred Georg 11.3.1939. DLA Marbach, A: Georg 75.2683/7.

Hitlerismus und dem deutschen Volk eine unüberbrückbare Kluft gähnt.[108] Damit war auch das Thema der Lesung Tollers angesprochen, der sein Drama *Pastor Hall* vortrug. Er las – wie Graf meinte – seinen Text ausgezeichnet, aber vor einem vergleichsweise kleinen Publikum. Die Einnahmen deckten gerade einmal die Kosten des Abends. Toller ziehe also gar nicht so, wie der Vorstand sich vorgestellt habe, heißt es im Brief an Manfred Georg.[109] Schon im Mai aber musste Graf im Namen des Verbandes auf Tollers Beerdigung sprechen, nachdem dieser freiwillig aus dem Leben geschieden war.[110]

Ein Österreich-Abend war schon seit Dezember 1938 geplant worden, musste aber immer wieder umgestellt werden, um prominente Teilnehmer gewinnen zu können. Diesmal glaubten die Veranstalter fest an einen Erfolg, hatten ein Theater mit 350 Plätzen angemietet[111] und erwarteten endlich auch einmal einen finanziellen Überschuss.[112] Tatsächlich konnten sie sich schmeicheln, die besten erreichbaren Kräfte gewonnen zu haben. Der

[108] Oskar Maria Graf: *Einführung von Ernst Toller*. In: O. M. Graf: *Reden und Aufsätze aus dem Exil*, (Hg.) Helmut F. Pfanner. München 1989, S. 115ff. – Vgl. die Ankündigung des Abends, in der es hieß, das neue Schauspiel Ernst Tollers behandele den Konflikt zwischen Christentum und Nationalsozialismus, zwischen individueller Freiheit und organisierter Unfreiheit im heutigen Deutschland. In: *Deutsches Volksecho*, New York, v. 7.1.1939, S. 6; sowie die Besprechung des Abends: Ein Christ als Kämpfer. »Pastor Hall«, das neue Drama Ernst Tollers. In: *Deutsches Volksecho*, New York, v. 21.1.1939, S. 7.
[109] O. M. Graf an Manfred Georg 13.1.1939. DLA Marbach, A: George 75.2683/3.
[110] Vgl. Einladung zur Beerdigungsfeierlichkeit am 27. Mai 1939. DEA Frankfurt. – Vgl. auch O. M. Graf: *Aus der Totenrede für Ernst Toller* und Ferdinand Bruckner : *Abschied von Ernst Toller*. In: *Deutsches Volksecho*, New York, v. 3.6.1939, S. 5; vgl. Aufzeichnungen Klaus Manns vom 22.5. und 6.6.1939. In: Klaus Mann: *Tagebücher 1938–1939*, S. 109; sowie Berthold Viertel: *Am Grabe eines Emigranten*. In: *Die neue Weltbühne* 1939/24, vom 15.6.1939.
[111] German American Writers Association (SDAS) Rundschreiben 8. IfZ Dortmund, GAWA II AK 2003/75-50. – Es handelte sich um das Master Arts Theatre, Riverside, Dr. Corner, 103rd Street. Vgl. German American Writers Association (SDAS) Rundschreiben 9. IfZ Dortmund, GAWA II AK 2003/75-50.
[112] O. M. Graf an Manfred Georg 23.11.1939. DLA Marbach, A: George 75.2683/4.

ehemalige Vizebürgermeister von Wien, Dr. Ernst Karl Winter, eröffnete den Abend mit einem Bekenntnis zu Österreich und seiner europäischen Lebensform, die den nationalsozialistischen Machthabern fremd bleibe. Seine Landsleute rief er auf, gute Amerikaner zu werden und dabei doch gute Österreicher zu bleiben, um ein künftiges freies Österreich zielbewusst zum Vorposten und Hüter eines freien Europas machen zu können. Der künstlerische Teil des Abends wurde vor allem von Ernst Deutsch bestimmt, der aus Werken Grillparzers, Altenbergs, Werfels und Bruckners las. Sein Auftritt wurde ergänzt durch Lesungen Ernst Waldingers aus eigenen unveröffentlichten Gedichten und Heinrich Schnitzlers aus Werken seines Vaters. Auch prominente Sänger hatten sich bereitgefunden, vor diesem Publikum mit Liedern von Hugo Wolf und der Wanderphantasie Franz Schuberts aufzutreten. Bedachtsam und heiter, mit musischer Liebe und doch nicht ohne einen entschieden politischen Akzent sei das Programm gestaltet worden, und er habe mit stürmischem Beifall geendet, heißt es in einer Besprechung im *Deutschen Volksecho*.[113] So kam ganz zweifellos ein sehr repräsentativer Abend zustande, doch ein finanziell ergiebiger wurde es nicht, denn der Besuch war wegen ungünstigen Wetters schlecht und der Überschuss betrug deshalb nicht mehr als 32 Dollar. Da half die Begeisterung der Anwesenden wenig.[114]

Noch einmal wurde eine große Veranstaltung angekündigt, eine gemeinsame Matinee mit der linken American Writers League am 27. Februar. Angeregt worden war sie von Erich Franzen, der zusammen mit Walter Schönstedt den Abend vorbereitete. Die Hoffnung der Veranstalter war, durch ein solches, vergleichsweise groß aufgezogenes Meeting endlich aus der Isolierung von der amerikanischen Öffentlichkeit herauszukommen.[115] Der Abend sollte in englischer Sprache das Thema »Europäische Literatur mit amerikanischen Augen und amerikanische Literatur mit europäischen Augen gesehen« behan-

---

[113] Sch. Österreich lebt! Eine Veranstaltung der GAWA. In: *Deutsches Volksecho*, New York, v. 4.2.1939, S. 7.
[114] O. M. Graf an Manfred Georg 3.2.1939. DLA Marbach, A: George 75.2683/5.
[115] O. M. Graf an Manfred Georg 13.1.1939. DLA Marbach, A: George 75.2683/3.

deln – mit jeweils deutschen und amerikanischen Beiträgen.[116] Ein deutsch-amerikanischer Kritikerabend mit Erich Franzen sollte im nächsten Monat folgen. Dass dabei kein Geld, sondern nur Ärger herauskommen werde, vermutete Graf mit Recht.[117] Es kam, wie befürchtet.

Wie es scheint, zog der Vorstand des Verbandes aus diesen Erfahrungen die Schlussfolgerung, künftig bescheidener aufzutreten. In der Folgezeit sind mir nur noch Vorträge und Autorenlesungen bekannt geworden, die sich im kleineren Rahmen bewegten. Geplant waren Veranstaltungen dieser Art schon seit dem Januar 1939, das *Rundschreiben 8* des SDAS kündigt an, für März würden Autoren-Abende vorbereitet, für die Anmeldungen zur Mitarbeit erwünscht seien.[118] Offenbar erfolgten dann auch persönliche Einladungen zu internen Lesungen in Wohnungen mit anschließender Debatte und zu öffentlichen Veranstaltungen in kleineren Räumen, in denen sich einer oder mehrere Autoren mit ihren neuesten Werken präsentieren konnten. Dass für diesen Veranstaltungstyp eine gewisse Variabilität angestrebt wurde, zeigt ein Brief von Graf, in dem er dem noch immer in Hollywood tätigen Manfred Georg mitteilt, der erste der geplanten kleinen Autorenabende finde in der Wohnung bei Madame Fisch mit Hermann H. Borchardt und Ernst Waldinger statt. Als öffentlichen Abend kündigt er einen Auftritt mit Günther Stern und Erich P. Mosse-Flamm an, der unter dem Motto »Politische oder unpolitische Dichtung« stehen sollte. In einer weiteren Veranstaltung wollten der Filmregisseur Fritz Weiss und ein Amerikaner namens Kern mit Lichtbildbeiträgen über Filmmöglichkeiten von Schriftstellern und über den Dokumentarfilm sprechen. Außerdem sei auch eine Vorführung des Dokumentarfilms *Die tschechische Krise* mit Klein und Burger in Vorbereitung.[119]

---

[116] O. M. Graf an Manfred Georg 23.1.1939. DLA Marbach, A: George 75.2683/4.
[117] O. M. Graf an Manfred Georg 9.1.1939. DLA Marbach, A: George 75.2683/2.
[118] German American Writers Association (SDAS) Rundschreiben 8 (9.1.1939). IfZ Dortmund, GAWA II AK 2003/75-50.
[119] O. M. Graf an Manfred Georg 28.2.1939. DLA Marbach, A: George 75.2683/6.

Soweit sich aus den mir zugänglichen Quellen ersehen lässt, wurde der erste dieser Abende jedoch nicht von Borchardt und Waldinger, sondern von Ludwig Marcuse bestritten, der für den 25.4. mit einer Lesung aus seinem Wagner-Buch und der historischen Biografie *Plato gegen Dionys* angekündigt war.[120] Charakteristisch für den Veranstaltungstyp, der nun vorwiegend gepflegt wurde, ist ein Abend in englischer Sprache mit dem Juristen und Schriftsteller Albert Lestoque. Der Autor stellte sein jüngstes Buch vor, einen Justizroman über die Jahre der Weimarer Republik. In der Einladung werden die Eröffnung durch Oskar Maria Graf und ein einführender Vortrag von Will Schaber angekündigt, dem dann unter dem Titel »Crime's Vicious Circle« Passagen aus dem Roman folgen sollten, der in der Schweiz erschienen war.[121] Abschließend sollte ein amerikanischer Radio-Kommentator reden. Dieser Autorenabend ging am 5. April 1939 im Steinway Building, 113 West 57th Street, New York City, über die Bühne.[122] Der Einführungsvortrag von Will Schaber ist erhalten und zeugt vom Bemühen, das Buch in die Zusammenhänge der deutschen Justizmisere nach dem Ersten Weltkrieg zu stellen. Mit der Biografie des Autors, eines Mannes, der sich vom deutschen Militarismus und den reaktionären Traditionen der deutschen Justiz freigemacht hatte, will Schaber auch ein Beispiel für gelebten Demokratismus in Deutschland vorstellen.[123] Die Besprechung des Abends durch Joe Gassner (d.i. Karl Jakob Hirsch) in der New Yorker *Neuen Volks-Zeitung* begrüßt den Versuch, aus dem »Gefängnis der Muttersprache« auszubrechen, und würdigt den Autor als begabten und scharfblickenden Erzähler.[124] Freilich meint der Kritiker, die

---

[120] Vgl. Neue Abende des Deutsch-Amerikanischen Schriftstellerverbandes. In: *Deutsches Volksecho*, New York, v. 22.4.1939, S. 7. – Vgl. Ludwig Marcuse: *Plato and Dionysius*. New York 1947 (dt. Der Philosoph und der Diktator. Berlin 195C).
[121] Deutscher Titel: Albert Lestoque: *Menschen in Aktendeckeln*. Zürich 1939.
[122] Einladung (in engl. Sprache). DEA Frankfurt.
[123] Will Schaber: *Ein Staatsanwalt sucht das Recht*. Vortrag in der German American Writers Ass'n am 5. April 1939, Monacensia.
[124] Vgl. Zeitungsausschnitt: Joe Gassner. Autorenabend in englischer Sprache, IfZ Dortmund, GAWA II AK 2003/75-50. – Eine weitere Besprechung H. W.: *Albert Lestoque – Vom Staatsanwalt zum Dichter*. In:

vorgetragenen Texte seien mehr Reportagen als Romankapitel – und er fragt sogar, ob eine solche Brandmarkung der Weimarer Justiz angesichts der Barbarenherrschaft der Nazis heute noch publiziert zu werden verdiene.

Die Veranstaltungen des SDAS lassen sich am zuverlässigsten aus den Ankündigungen und – seltener – den Besprechungen in den New Yorker Zeitschriften *Aufbau* und *Deutsches Volksecho* rekonstruieren. Die Nachrichten aus anderen Quellen, soweit sie mir zugänglich waren, werden dagegen in der Folgezeit spärlicher. Verbürgt ist eine gemeinsame Veranstaltung der Volksfrontgruppe deutscher Emigranten, des Schutzverbandes und des Deutschamerikanischen Kulturverbandes mit dem damals berühmten Rezitator Ludwig Hardt, der am 6. April 1939 Dichtungen Heinrich Heines vortrug.[125] Die Serie der Autorenabende wurde am 9. Mai weitergeführt mit Lesungen des österreichischen Lyrikers Ernst Waldinger aus einer Anthologie seiner Übertragungen amerikanischer Gedichte ins Deutsche sowie des Schriftstellers, Malers, Bühnenbildners und Kritikers Karl Jakob Hirsch (Joe Gassner), der Passagen aus seinem unterhaltenden Roman »Heute und morgen« und seiner politischen Komödie »Don Quichotes letzte Fahrt« vortrug.[126]

Noch im Mai folgten mehrere Autorenabende, von denen einige durch den World Congress of Writers ermöglicht wurden, der im Mai 1939 aus Anlass der New Yorker Weltausstellung stattfand und eine Reihe namhafter Autoren besuchsweise in die Vereinigten Staaten gebracht hatte. So sprach Arnold Zweig – ein Teilnehmer des Kongresses – einleitende Worte zu einer Veranstaltung des SDAS mit Günther Anders (d. i. Günther Stern). Darin wies er auf die Schwierigkeiten einer neuen Generation von Autoren im Exil hin, sich einen Wirkungskreis aufzubauen, und betonte die Verpflichtung der älteren, ihnen den Weg ebenen zu helfen. Dabei – heißt es in einer Besprechung des Abends im *Deutschen Volksecho* – habe er unterschieden zwischen den mehr individuellen schöpferischen Künstlern der älteren Genera-

---

*Deutsches Volksecho*, New York, v. 15.4.1939, S. 7.
[125] S.: Ludwig Hardt spricht Heine. In: *Deutsches Volksecho*, New York, v. 15.4.1939, S. 5.
[126] Vgl. *Deutsches Volksecho*, New York, v. 6.5.1939, S. 7, und v. 20.5.1939, S. 3.

tion und den jungen Schriftstellern, die nicht nur für irgendwelche persönlichen Probleme, sondern für die praktische Notlage unserer Zeit nach Lösungen suchten. Günther Anders stellte an diesem Abend seinen Lehrroman *Die molussische Katakombe* vor,[127] ein Buch, das – wie der Berichterstatter mitteilt – in Dialogen zwischen Gefangenen eines imaginären Diktaturregimes eindringlich und bildhaft zum Nachdenken über Fragen der politischen und gesellschaftlichen Moral anregen will. Kritisch vermerkt der Rezensent allerdings, der junge Autor habe seine persönliche Isolierung noch nicht überwunden und befinde sich erst auf dem Wege zu seinem Ziel, die Mitmenschen über unsere Lage und unsere Aufgaben aufzuklären.[128] Sein Verständnis für den gewiss nicht leicht zu rezipierenden Text war – wie die Besprechung verrät – offensichtlich recht begrenzt.

Ein junger Autor war auch Bodo Uhse, der auf Einladung der League of American Writers in die USA gekommen war, in der Hoffnung, hier als Schriftsteller Fuß fassen zu können. Am 25. Mai 1939 bot ihm der SDAS die Möglichkeit, auf einem Autorenabend seinen Roman *Angriff auf Wyst* in den Vereinigten Staaten vorzustellen,[129] dessen Handlung im Jahr 1936 unter Offizieren der deutschen Luftwaffe spielt. Einführende Worte sprach Professor Karl August Wittfogel,[130] unter den Zuhörern waren Oskar Maria Graf, Ferdinand Bruckner und Klaus Mann. Uhse bemühte sich danach intensiv, einen amerikanischen Verlag für sein Buch zu finden und sich damit eine Existenzgrundlage zu sichern. Doch die Verlagsleute und Literaturagenten sahen – wenige Wochen vor Beginn des Zweiten Weltkrieges – keine Marktchancen für sein Thema.[131] Erwähnt werden muss auch, dass der Verband durch Uhses Verbindun-

---

[127] Günther Anders: *Die molussische Katakombe*. Roman. München 1992.
[128] Autoren-Abend beim SDAS. Arnold Zweig spricht einleitende Worte. In: *Deutsches Volksecho*, New York, v. 13.5.1939, S. 5.
[129] Das Buch wurde 1939 als Fortsetzungsroman in der Pariser Tageszeitung gedruckt, später umgearbeitet und erweitert erschienen als »Leutnant Bertram«, Mexico 1944.
[130] Bodo Uhse liest. In: *Deutsches Volksecho*, New York, v. 27.5.1939, S. 5.
[131] Günter Caspar (Hg.): *Über Bodo Uhse. Ein Almanach*, Berlin und Weimar 1984, S. 376.

gen nach Paris den lockeren Kontakt mit dem Pariser Schutzverband intensivieren wollte, um durch koordiniertes Auftreten die internationale Aufmerksamkeit für die Anti-Nazi-Literatur verstärken zu können.

Von den prominenten Teilnehmern des PEN-Kongresses in New York ist Alfred Döblin der einzige, der während seines Besuchs in den Vereinigten Staaten mit einem eigenen Vortragsabend im Rahmen des Veranstaltungsprogramms im SDAS aufgetreten ist.[132] Er las – wie einer Besprechung im *Deutschen Volksecho* zu entnehmen ist – zwei Stücke aus seinem dreibändigen Erzählwerk *November 1918*. Der Berichterstatter lobt die gewachsene Darstellungskraft Döblins, er schreibe einfacher und naturalistischer, seine Gestalten lebten auf unheimliche Weise in unsere Gegenwart hinein. Der Abend – heißt es weiter – sei ausgezeichnet besucht gewesen und herzlich hätten viele alte Freunde, die Döblin jahrelang nicht gesehen habe, dem Dichter gedankt. Doch artikuliert die Besprechung eine deutliche – und aufs Ganze gesehen sicher unangemessene – Distanz gegenüber der Position Döblins. Döblin wolle, betont der anonyme Schreiber, aus den Irrungen und Wirrungen jener vom Krieg zermalmten Zeit das gegenwärtige Geschehen deuten. Ob freilich seine Darstellung einer Soldatenratssitzung typisch für jene Tage sei, bezweifelt er. Denn auch damals habe es neben tiefer Niedergeschlagenheit auch kämpferischen Geist und Heldentum gegeben: Menschen, die den Krieg nicht nur ungebrochen, sondern gestärkt verlassen hätten.[133] Im Rahmen des Schutzverbandes dürfte das bestenfalls die Sicht einer Minderheit gewesen sein.

Einem späten Rückblick von Will Schaber auf die GAWA aus dem Jahr 1982 ist zu entnehmen, dass in der Folgezeit verschiedene Fachabende stattgefunden haben, zum Beispiel einer am 12. Mai mit Gerhart H. Seger, dem Redakteur der *Neuen Volkszeitung*, über die Vortragsindustrie in den USA und mit dem Schweizer Verleger Emil Oprecht über europäische Ver-

---

[132] Vgl. Albert Lestoque an Alfred Döblin 17.5.1939. IfZ Dortmund, GAWA II AK 2003/75-50
[133] Autorenabend des SDAS. In: *Deutsches Volksecho*, New York, v. 27.05.1939, S. 5.

lagsaussichten für deutsche Schriftsteller. Wie sie sprach auch Günther Reinhardt, ein Mann, der über reiche Erfahrungen bei der Unterbringung von Manuskripten verfügte, über das allseits brennend interessierende Thema »Dollars für unsere Arbeit«.[134] Ging es bei Seger um die Praxis der »lecture tours«, die immerhin für einige Refugees eine bescheidene Erwerbsmöglichkeit bot, so konnte Oprecht nur ein düsteres Bild des geschrumpften europäischen Marktes vermitteln. Deshalb verwies er vor allem auf die Aufgabe, unter dem deutschamerikanischen Publikum und den Immigranten in den USA einen neuen Markt zu erobern. Das aber bedeute, auch diejenigen für die deutsche Literatur wiederzugewinnen, die sich der deutschen Sprache bereits entfremdet haben.[135] Hier ging es um Probleme der materiellen Existenz der Autoren im fremden kulturellen Umfeld, wie sie in den strategischen Überlegungen der GAWA von Anfang an eine zentrale Rolle spielten.[136]

Leider sind nur wenige Zeugnisse darüber überliefert, in welchem Grade die verantwortlichen Mitarbeiter des Vorstands eine inhaltliche Planung des Programms erreichen konnten oder von zufälligen Angeboten von Autoren und Themen abhängig waren. Natürlich spielte die zufällige Anwesenheit namhafter Autoren eine Rolle, wie das beim Autorenabend Berthold Viertels am 1. Juni 1939 der Fall war, zu dem Manfred Georg einführende Worte sprach. Doch dass literaturstrategische Überlegungen im Leitungsgremium zumindest von Fall zu Fall angestellt wurden, geht aus einem Brief Grafs an Manfred Georg hervor. Georg hatte sich darum bemüht, eine Ortsgruppe in Hollywood zu gründen und dabei offenbar eine Round-Table-Diskussion zum Thema »Ist das deutsche Volk schuldig?« angeregt. Das passte Graf nicht in die von ihm angestrebte Richtung. Es klinge, mahnt er den Freund, als spielten wir uns als Richter auf, und das werde nur zu verdrehten Zeitungsberichten führen. »Niemals«, betont er demgegenüber, »dürfen wir auch nur im geringsten antideutsch operieren«. Sein Gegenvorschlag ist, ein

---

[134] Will Schaber: *Das war die GAWA*. In: *Aufbau*, New York, 12.3.1982. – Schaber stützte sich dabei auf das GAWA-Bulletin.
[135] Ein »Fachabend«. In: *Deutsches Volksecho*, New York, v. 13.5.1939, S. 5
[136] Vgl. *Deutsches Volksecho*, New York, v. 3.6.1939, S. 6.[136]

»literarisch politisches Thema« zu wählen, das etwa lauten könne: »Wo steht der deutsche Geist?« Einen öffentlichen Auftritt der GAWA in Hollywood befürwortete er natürlich nachdrücklich.[137]

### Der politische Richtungsstreit

Die Stellung zum Nichtangriffspakt zwischen Nazideutschland und der Sowjetunion am Vorabend des deutschen Überfalls auf Polen wurde zu einer Zerreißprobe des Verbandes. Die GAWA verstand sich programmatisch als eine strikt literarische, den politischen Parteiungen gegenüber neutrale Organisation, als ein Zweckverband, aber entschieden gegen Hitler gerichtet. Deshalb reagierte der Vorstand – übrigens mit ausdrücklicher Zustimmung Thomas Manns[138] – auf den Ausbruch des Krieges mit einem Aufruf, dessen Wortlaut ich seiner Folgen wegen hier vollständig wiedergebe: »Wir exilierten deutschen Schriftsteller haben den Nationalsozialismus von seinen Anfängen an bekämpft. Wir haben Hitler, sein Regime und alle seine Stützen des Verrats an Deutschland angeklagt; wir machen ihn verantwortlich für die Barbarei, von der Europa seit 1933 heimgesucht wird. Wir erklären, dass wir in Hitler den Schuldigen an diesem neuen Krieg sehen, den Schuldigen an jedem Todesopfer, das dieser Krieg fordert. Unser unablässiger Kampf gilt Hitler und seinem verbrecherischen Regime, nicht aber dem deutschen Volk, das sein erstes Opfer wurde. Hitler hat seine Herrschaft mit der Verbrennung der deutschen Literatur begonnen, jetzt hat er die Welt in Brand gesetzt. Einig mit allen Gleichgesinnten der ganzen friedliebenden Welt und besonders mit den fortschrittlichen deutschamerikanischen Kräften kämpfen wir freien deutschen Schriftsteller bis zur Vernichtung des Hitler-Regimes und der Errichtung eines *freien* Deutschland unter freien Völkern.«[139]

---

[136] O. Maria Graf an Manfred Georg 8.8.1939. DLA Marbach, A.: George 75. 2683/8.
[138] Vgl. Thomas Mann: *Briefe 1937–1947*, (Hg.) Erika Mann. Berlin und Weimar 1965, S. 130ff.
[139] Die Stellungnahme wurde veröffentlicht in der Zeitschrift *Deutsches Volksecho*, New York, v. 16.9.1939, S. 3. – Ein Abdruck findet sich ebenfalls in der Zeitschrift *Volksfront*, Chicago, v. 16.9.1939. Vgl. Robert E.

Diese Stellungnahme unter dem Titel »Deutschamerikanische Schriftsteller kämpfen für Vernichtung des Hitler-Regimes« verdammte Hitler und seinen Krieg, ohne den Hitler-Stalin-Pakt zu erwähnen. Das spiegelte die reale Situation im Verband. Die Solidarisierung mit den antihitlerischen Kräften war es ja, was die Mitglieder einte, während die Vorgänge in Russland zumindest seit den Moskauer Schauprozessen in der Mitgliedschaft äußerst kontrovers gewertet wurden. Zwar waren auch einstige Sympathisanten der Sowjetunion vom Pakt mit Hitler verunsichert, verstört und entsetzt, aber nicht wenige von ihnen betrachteten diesen Pakt dennoch nicht als ein politisch-militärisches Bündnis Stalins mit dem faschistischen Deutschland, das den Überfall Hitlers auf Polen erst ausgelöst habe – wie das in der westlichen Presse meist dargestellt wurde. Da die Westmächte mit dem Münchner Abkommen und der Preisgabe der Tschechoslowakei die Sowjetunion demonstrativ politisch isoliert hatten, waren zahlreiche Hitlergegner geneigt, den Pakt als eine nationalrussische Verteidigungsmaßnahme zu interpretieren – eine Maßnahme, die freilich auch bedeutete, die antihitlerischen Bewegungen im Westen preiszugeben. Ob man die sowjetische Haltung billigte, duldete, in Zweifel stellte oder verurteilte, hing von parteilichen Bindungen und politischen Überzeugungen ab, aber auch vom Grad der Informiertheit und des öffentlichen Drucks. Jedenfalls war es eine politisch kontroverse Frage, in der gemeinsame Positionen nicht zu erwarten oder zu erreichen waren. Sie aus öffentlichen Stellungnahmen des Verbandes auszuklammern, lag also nahe.

In seiner ersten Stellungnahme zum Beginn des Zweiten Weltkrieges hat Oskar Maria Graf – offensichtlich im Auftrag des Verbandes – nachdrücklich daran erinnert, die deutsche Emigration habe die Welt über den wahren Charakter des Nazitums aufgeklärt und immer wieder darauf hingewiesen, dass der Nationalsozialismus eine Weltgefahr sei und Hitler zum Kriege treibe. Machtlos und zur Untätigkeit gezwungen, sei die Emigration dennoch mit den antihitlerischen Kräften in der Heimat in Kontakt geblieben und so zur Stimme des gewaltsam niedergeschlagenen, aber friedlichen deutschen Volkes geworden. Als

Cazdan, *German Exile Literature*, S. 154.

Stimme des freien Geistes seien die emigrierten Schriftsteller Verkünder der deutschen Demokratie von morgen. In diesem Text lässt Graf keinen Zweifel, dass der Sturz Hitlers, die Freiheit des deutschen Volkes und der Friede mit allen Völkern das Ziel der freien Deutschen bleibe, die für dieses Ziel bis zum Sieg kämpfen werden.[140]

Damit distanziert sich Graf eindeutig von der damaligen Politik der Sowjetunion, vermeidet aber eine ausdrückliche Verurteilung Russlands als Bündnispartner Hitlerdeutschlands. Antikommunistische Kreise der deutschen Emigration forderten jedoch eine Brandmarkung aller Freunde der Sowjetunion, insbesondere der Kommunisten unter ihnen, als Agenten Moskaus, und zwar nicht nur im kriegführenden Frankreich, sondern auch in den – formal neutralen – Vereinigten Staaten. Vorreiter und Wortführer einer solchen rigorosen Haltung war vor allein Leopold Schwarzschild mit seiner Zeitschrift »*Das neue Tagebuch*«[141], die in Paris erschien. Er kündigt in seinem Wochen-Überblick der Nummer vom 2.9.1939 den deutschen Kommunisten und allen, die sich von ihnen haben »ködern« lassen, nachdrücklich auch die letzte Solidarität des »zufällig gemeinsamen Exil-Schicksals«. Für ihn waren sie alle Funktionäre und Angestellte der Sowjetregierung, Sowjetbeauftragte, die nun zu »Agenten der Freundschaft mit Hitler und zu Nazi-Handlangern« geworden seien. Soweit sie nicht öffentlich und unzweideutig abschwören und widerrufen, gehörten sie in seiner Interpretation nach Russland die Behörden der Gastländer, sie auszuweisen, wenn nicht gar auszuliefern.[142] Natürlich wusste Schwarzschild, dass es unsinnig war, alle Kommunisten

---

[140] Oskar Maria Graf, Präsident der »German American Writers Association«: Unversöhnlichen Haß der Tyrannei Hitlers! – Dieser offiziellen Erklärung Grafs als Präsident der GAWA folgt eine Zuschrift von Ferdinand Bruckner: Der unteilbare Friede. Beides in: *Aufbau*, New York, No. 17, v. 15.9.1939, S. 9. – Der Text Grafs ist unter dem Titel »Über die Aufgaben der antifaschistischen deutschen Emigration« abgedruckt in: O. M. Graf: *Reden und Aufsätze aus dem Exil*, S. 132ff. Der Herausgeber vermutet, es handele sich bei dieser ersten Stellungnahme Grafs zum Krieg um eine Rundfunkrede.

[141] *Das neue Tagebuch*, 7. Jg., Heft 36 v. 2.9.1939, S. 843ff.

[142] Dass dies von Seiten der Sowjetunion tatsächlich geschah, gehört zu den bitteren Ironien der Geschichte.

und Sowjet-Sympathisanten als Agenten zu denunzieren. Ob er bei seinem Hassausbruch die möglichen Folgen für jeden einzelnen ernstlich bedacht hat, sei dahingestellt. Er wollte einen Trennungsstrich ziehen und alle Hitlergegner zur öffentlichen Absage an die Sowjetunion zwingen, die ja für viele von ihnen bisher als Hauptkraft und wichtigster Stützpunkt im Kampf gegen Hitler gegolten hatte. Dafür war ihm jedes Mittel recht, auch das der politischen Verleumdung.[143]

Dass die latenten politischen Gegensätze, die auch in den Vereinigten Staaten unter den Emigranten aus Deutschland bestanden, nach dem Hitler-Stalin-Pakt zu schweren Auseinandersetzungen eskalieren mussten, kann niemanden verwundern. Denn die westliche Öffentlichkeit interpretierte diesen Pakt als ein Bündnis der beiden Diktatoren gegen die westlichen Demokratien und ignorierte völlig, dass diese es waren, die das von den Sowjets angestrebte System der kollektiven Sicherheit verweigert hatten.[144] Julius Epstein, ein Redakteur der sozialdemokratischen *Neuen Volkszeitung* in New York, setzte am 29.8.1939 mit einer Enquete unter den deutschen Schriftstellern Amerikas eine antisowjetische Kampagne in Gang, die sich vor allem gegen die aktuelle Politik des Vorstands der GAWA richtete. Seine Frage war, ob sie den Wirtschafts- und Nichtangriffspakt zwischen der Sowjetunion und dem Dritten Reich billigten und wie sie ihren jeweiligen Standpunkt dafür oder dagegen zu begründen gedächten. Eine solche Frage war natürlich berechtigt, lief allerdings in der gegebenen Situation auf eine strikte Trennung von schwarzen und weißen Schafen hinaus, nicht aber auf eine sachliche Erörterung der damit verbundenen Probleme. Die politische Stimmung war hoch emotionalisiert, und dass

---

[143] Allerdings muss bedacht werden, dass auch die kommunistische Presse in den vorangehenden Jahren Schwarzschild der Komplizenschaft mit den Nazis geziehen hatte.

[144] Vgl. das Stichwort Hitler-Stalin-Pakt, in: Hans-Joachim Torke (Hg.): *Historisches Lexikon der Sowjetunion 1917/22 bis 1991*. München 1993, S. 108ff.; aus zeitgenössischer sowjetischer Sicht: I. M. Maiski, Memoiren eines sowjetischen Botschafters, Berlin 1968, S. 395ff.; siehe auch Kurt Pätzold und Günter Rosenfeld (Hg.): *Sowjetstern und Hakenkreuz 1938 bis 1941. Dokumente zu den deutsch-sowjetischen Beziehungen*, Berlin 1990.

sich das nach Hitlers Überfall auf Polen, nach der Besetzung des damaligen Ostpolens durch die Sowjetarmee und mit dem sowjetisch-finnischen Winterkrieg noch weiter verstärken musste, braucht nicht näher erläutert zu werden. Wer eine solche Frage nicht eindeutig missbilligend beantwortete, stellte sich öffentlich an den Pranger und riskierte, als Parteigänger Stalins und der völlig isolierten und geächteten Kommunisten des Westens zu gelten.

Das stellte linke Autoren, die auf die UdSSR als wichtigsten Gegner des Faschismus gesetzt hatten, vor eine schwere Entscheidung. Klaus Mann beispielsweise hatte der Sowjetunion lange mit einer gewissen Sympathie gegenüber gestanden, aber immer Distanz zur Moskauer Diktatur gehalten. Ein klares Ja oder Nein zum Nichtangriffspakt hielt er gegenwärtig nicht für möglich. Das wäre – schrieb er – eine unaufrichtige Vereinfachung, da Hintergründe und Absichten des Pakts unbekannt seien.[145] Doch gerade weil er sich für die Volksfront engagiert hatte, empfand er nun Widerwillen gegenüber der neuen sowjetischen Politik und trat, wie auch seine Schwester Erika, nach Kriegsbeginn entschieden für den Sieg Frankreichs und Englands ein – und damit gegen die sowjetische Strategie.[146]

Wie die Dinge lagen, sollte die Enquete der *Neuen Volkszeitung* jedoch nicht nur einzelne Schriftsteller zur Entscheidung zwingen, sondern musste auch als eine Attacke auf die »dirigierenden Persönlichkeiten« des SDAS verstanden werden. Eine lautstarke antikommunistische Gruppe unter den Verbandsmitgliedern im Umkreis von Gerhart Segers *Neuer Volkszeitung*[147]

---

[145] Klaus Mann: *Erste Stellungnahme zum Hitler-Stalin-Pakt*; Klaus Mann: *Stalins undurchsichtiges Spiel*. In: Klaus Mann: *Zweimal Deutschland, Aufsätze, Reden, Kritiken 1938–1942*, (Hg.) Uwe Naumann und Michael Teuerer, Hamburg 1994, S. 164 und 165ff.

[146] Vgl. auch Klaus Mann: *Ich bin kein Agent der Sowjetunion, Eine Erklärung*. In: Klaus Mann, *Zweimal Deutschland*, S. 167ff. – Vgl. dazu: Dieter Schiller: *Ich bin kein Agent der Sowjetunion. Klaus Mann in den Jahren zwischen 1938 und 1946* (Pankower Vorträge Heft 109), Berlin 2008, S. 37ff.

[147] Über Gerhart H. Seger und die *Neue Volkszeitung* vgl. Sigrid Schneider: *Neue Volks-Zeitung*. In: *Presse im Exil. Beiträge zur Kornmunikationsgeschichte des deutschen Exils 1933–1945*, (Hg.) Hanno Hardt, Elke Hilseher, Winfried B. Berg. München 1979, S. 347ff.

unterstellte ihnen, sie wollten den Verband – unter dem Vorwand, die gesamte Literatur der Emigration zu repräsentieren – zu einer kommunistischen Tarn-Organisation machen. Mit der Umfrage zum Hitler-Stalin-Pakt sollten sie »an die Wand gepreßt«[148] und zum Offenlegen ihrer Haltung gezwungen werden – um damit ihren Einfluss endgültig zu brechen. Besonders deshalb war es für Oskar Maria Graf angesichts der noch im September anstehenden Mitgliederversammlung der GAWA klar, dass er nicht in bloßem Schweigen verharren konnte, sollte eine Sprengung des Verbandes verhindert werden.[149]

In seiner Antwort auf die Enquete der *Neuen Volkszeitung* betont er deshalb, er schreibe nicht als Präsident des Schriftstellerverbandes, sondern als freier Schriftsteller. Als Epiker teile er den beflissenen Übereifer der Politiker im Beurteilen der täglichen Weltgeschehnisse nicht. Ohne politisch desinteressiert zu sein, habe er es mit Menschen zu tun, die – ob als Masse, Partei oder Volk – voller Widersprüche sind. Politiker aber übersähen diese Widersprüchlichkeit und zumeist auch den Menschen überhaupt. Sie neigten dazu, die Menschen immer nur als Genossen oder als Gegner zu klassifizierten, wobei der Gegner sehr oft gewechselt werde. Er selber – der Epiker Graf – aber könne den Feind nicht immer so klar erkennen, und es scheine ihm mitunter, heißen sollte, es sei wichtiger, über Hitler und den deutschen Faschismus als gemeinsamen Feind Einigkeit zu suchen als die politische Konfrontation mit den Kommunisten und der Sowjetunion zu erzwingen. Mit einer solchen Argumentation entzog sich Graf der geforderten Entscheidung – ähnlich wie das auch Manfred Georg und andere Mitglieder des SDAS taten – und fand daraufhin seinen Text in der *Neuen Volkszeitung* vom 7.10.1939 veröffentlicht unter dem polemisch-anklagenden Titel: »Keine Antwort ist auch eine Antwort!«[150]149

Damit waren die Frontlinien eines Streits gezogen, der die Mitgliederversammlung der GAWA am 30. September und 7. Oktober 1939 bestimmte. Über ihren Verlauf berichtet die New

---

[148] Vgl. Leopold Schwarzschild: *Affaire des deutschen Schutzverbandes*. In: *Das neue Tagebuch 1939/44*, v. 28.10.1939, S. 1022ff.
[149] O. M. Graf an Julius Epstein 19.9.1939. In: O. M. Graf: *Briefe*, S. 139ff.
[150] Ebd., S. 139.

Yorker *Neue Volkszeitung* in ihrer Ausgabe vom 14.10.1939 – wenn auch höchst einseitig. Die Stimmung sei schon im Vorfeld gespannt gewesen, heißt es da, weil eine Presseerklärung des Vorstands im Namen des Gesamtverbandes Hitler und seinen Krieg verdammt, aber auf eine Verurteilung Stalins verzichtet habe. Ein solches Vorgehen des Vorstands entsprach zwar der Haltung der Mehrheit der Mitglieder, wurde aber von den Leuten um die *Neue Volkszeitung* heftig attackiert. Gerhart Seger, der Hauptredakteur, und Julius Epstein, Redakteur des Blattes, brachten auf der Mitgliederversammlung Anträge ein, in denen der Kampf gegen jede totalitäre Diktatur gefordert, der Nichtangriffspakt Sowjetrusslands mit Hitlerdeutschland verurteilt und die Bekämpfung des Sowjetsystems zur Gewissenspflicht erklärt wurden. Wer sich nicht offen vom System Stalins distanziere, müsse als ein Verbündeter Hitlers betrachtet werden.[151] Damit wurde die kategorische Forderung der Enquete in verschärfter Formulierung wiederholt. Ernst Bloch bezeichnete das in der Mitgliederversammlung als einen Versuch, im Schriftstellerverband »Gesinnungsterror« auszuüben, und mit ihm verweigerte die Mehrheit der Versammlungsteilnehmer ihre Zustimmung zu dem Papier, das strikt auf Ausgrenzung aller Kommunisten, Sympathisanten und Zögernden zielte. Alle Vermittlungsversuche blieben vergeblich und die Diskussion wurde schließlich abgebrochen. Noch am 30. September schied die antikommunistische Gruppe (u. a. auch Dr. Rudolf Brandl, ehemals Sekretär des Deutschamerikanischen Kulturverbandes und Redakteur der Zeitschrift *Aufbau*) aus dem Verband aus.

In einer Rede zum »Deutschen Tag« am 6. Oktober 1939 – einer Veranstaltung deutsch-amerikanischer Verbände – suchte Oskar Maria Graf nun den Angriffen in der *Neuen Volkszeitung* öffentlich entgegenzutreten. Deshalb rückte er vor allem die Resolution der Generalversammlung der GAWA in den Mittelpunkt, in welcher der Verband sich unzweideutig zur amerikanischen Demokratie bekannt hatte, wie sie in der Konstitution

---

[151] Diese Darstellung folgt dem Bericht mit dem Titel *Letzte Maskerade deutscher Sowjetagenten. Informationsbericht über den Scheidungsprozess in Amerika.* In: *Neues Tagebuch*, 1939/45, v. 4.11.1939, S. 1046ff. – Der Antrag von Gerhart Seger wurde abgelehnt mit 35 Nein-Stimmen, 8 Ja-Stimmen und 7 Stimmenthaltungen.

der Vereinigten Staaten gekennzeichnet sei. Als Nachkriegsziel nach der Zerschlagung des Nationalsozialismus nannte er – ähnlich wie die antistalinistische Gruppe um Willi Münzenberg in Frankreich – die Geburt eines vereinigten Europa. Dass er selber als bezahlter Agent Stalins denunziert worden war, geißelte er – mit gutem Recht – als eine »fette Lüge« von Berufspolitikern wie Gerhart Seger und Julius Epstein. Er – Graf – habe niemals zu einer politischen Partei gehört, sondern als ein freier Schriftsteller immer zum Volk, zu den kleinen Leuten gestanden.[152]

Er gab sich sehr sicher, obwohl er wusste, dass die »geradezu beispiellose Hetze der Leute um G. Seger [...] das Terrain leider sehr schwierig« gemacht hatte. Fast alle – schrieb er in einem sehr persönlich gehaltenen Brief an Berthold Viertel[153] – seien hier in New York angesichts der politischen Ereignisse »ziemlich gerädert, sogar die ganz Festen«. Das bezieht sich eindeutig auf die Verstörungen, die der deutsch-sowjetische Pakt ausgelöst hatte. Er selber aber fühlte sich durch eine illegale Manifestation der deutschen Untergrundbewegung in seiner Reaktion auf die Umfrage Epsteins bestätigt. Denn in diesem Dokument aus dem Lande sei nur vom »Kampf um die endliche Einheit« der deutschen Opposition die Rede gewesen, nicht aber vom Pakt. Das aber entsprach seiner eigenen Haltung, und er betont, es sei immer vertraute dem Dokument, auch wenn er seine Authentizität und Verallgemeinerungsfähigkeit nicht prüfen konnte, weil er eine Rechtfertigung seiner Haltung brauchte. Daraus erklärt sich wohl auch das Gefühl ironischer Überlegenheit, mit dem er den Attacken seiner politischen Gegner öffentlich begegnete.

Man darf annehmen, dass die Mehrheit der Teilnehmer der Generalversammlung bei der Abstimmung vor allem am Erhalt des Verbandes interessiert waren. Selbst wer in einer sachlichen Debatte zum Hitler-Stalin-Pakt die Wertung von Seger und Epstein mehr oder weniger akzeptiert hätte, fühlte sich vom inquisitorischen Verfahren und der denunziatorischen Pole-

---

[152] O. M. Graf: *Reden und Aufsätze*, S. 135.
[153] O. M. Graf an Berthold Viertel, 11.10.1939. DLA Marbach, 78.895/15. – Um welches Dokument es sich dabei handelt, geht aus dem Brief nicht hervor.

mik unter politischen Druck gesetzt. Wenn Oskar Maria Graf, Manfred Georg, ja sogar Klaus Mann als Verbündete Hitlers oder gar bezahlte Sowjet-Agenten denunziert wurden, musste das Widerspruch wecken. Als Leopold Schwarzschild in Paris Ende September mit Berufung auf die Kampagne der *Neuen Volkszeitung* sogar die Frage stellte, ob man die Drahtzieher des deutsch-amerikanischen Verbandes überhaupt noch Schriftsteller nennen dürfe[154], wurde auch weniger engagierten Leuten klar, dass hier die Grenzen des politischen Anstands weit überschritten waren.

Eine Tagebuch-Notiz Klaus Manns vom November 1939 spricht von großen Debatten mit Curt Riess über die russische Politik und das »abscheuliche Gebaren der III. Internationale«.[155] Er konstatiert seine »rapide Entfremdung von den Kommunisten«, sieht sich aber zugleich gezwungen, die pauschale Denunziation »gegen uns alle – als Stalin-Knechte« abzuwehren. Mit seiner detaillierten »Erklärung« unter der Überschrift »Ich bin kein Agent der Sowjetunion«[156] dementierte er die Anschuldigungen Schwarzschilds, doch der verweigerte einen Abdruck. Dagegen scheint Gerhart Seger noch ein Empfinden dafür gehabt zu haben, dass man in der Polemik letztlich doch zu weit gegangen war. Er rückte im Gespräch mit Klaus Mann von der hysterischen Polemik à la Schwarzschild ab und zeigte sich in der »Schutzverband-Affäre« sogar »verständig und journalistisch korrekt«[157] und veröffentlichte Klaus Manns Richtigstellung – vermutlich weil er einsah, dass der rüde Stil der Auseinandersetzung nur einen Solidarisierungseffekt bei den Angegriffenen ausgelöst hatte und seinem eigenen Anliegen schadete.

Die »peinigenden Zänkereien in der deutschen Emigration« mit ihren »nichtswürdigen und unwahrhaftigen Attacken«[158] veranlassten auch Thomas Mann zu einer Klarstellung seines Verhältnisses zum deutsch-amerikanischen Schriftstellerver-

---

[154] Affaire des deutschen Schutzverbandes. In: Das neue Tagebuch 1939/44, vom 28.10.1939
[155] Klaus Mann: *Tagebücher 1938 bis 1939*, S. 142f.
[156] Klaus Mann: *Ich bin kein Agent der Sowjetunion. Eine Erklärung.* In: Klaus Mann: *Zweimal Deutschland*, S. 167ff.
[157] Klaus Mann: *Tagebücher 1938 bis 1939*, S. 145.
[158] Klaus Mann: *Tagebücher 1938 bis 1939*, S. 143.

band, dessen Ehrenpräsident er ja noch immer war. Mit Datum vom 22. November schrieb er einen Brief an den Vorstand der German-American Writers Association. Er habe – heißt es darin – die Kundgebung des Schutzverbandes zu Beginn des Krieges gutgeheißen, weil das geistige Gewissen deutscher Schriftsteller in erster Linie an Deutschland interessiert sei und an dem, was dort geschieht – viel später erst auch an der Degeneration des russischen Kommunismus. Die Argumente, die in den Gerüchten und Polemiken gegen den Verband vorgebracht wurden, halte er nicht für stichhaltig. In einer freien, primär sogar unpolitischen Organisation von Schriftstellern könne man nicht die Gesinnung einzelner Mitglieder, auch wenn sie kommunistisch sein sollte, zum Gegenstand öffentlichen Haders machen. Den Schutzverband als »Agentur Stalins« zu bezeichnen, sei jedenfalls verleumderisch, und seines Wissens rechtfertige keine Verlautbarung von Seiten der Association oder auch nur einzelner Mitglieder einen solchen Vorwurf. Sollten jedoch – wie das die französischen Kommunisten getan haben – öffentliche Äußerungen erfolgen, die Deutschland und Russland als Friedensmächte, England und Frankreich dagegen als imperialistische Kriegsschuldige kennzeichnen, so werde er das verurteilen und sich gezwungen sehen, seine Mitgliedschaft aufzukündigen und sein Amt als Ehrenpräsident niederzulegen.[159]

Dieser Brief ist Ausdruck eines Unbehagens, einer Zwiespältigkeit, halb noch eine zögernde Ehrenerklärung und halb schon Warnung vor einer möglichen Illoyalität des Verbandes gegenüber den westlichen Demokratien. Ganz offensichtlich rechnete Thomas Mann im Grunde doch mit der Möglichkeit einer »provokanten Manifestation« des Verbandes, die sich auf die Seite Hitlers und Stalins stellt.[160] Damit verkannte er freilich den

---

[159] Thomas Mann: *Briefe 1937–1947*, (Hg.) Erika Mann. Berlin 1965, S. 130f.

[160] Darauf weist die Erwähnung der französischen Kommunisten im zitierten Brief und noch deutlicher eine Tagebuchnotiz Thomas Manns von 15.10.1939. Darin spricht er von den »kommunistisch demokratischen Kämpfen im Schutzverband« und verweist anschließend auf die amerikanischen Kommunisten, die für einen Münchner Frieden auf der Basis der Teilung Polens einträten. Seine Schlussfolgerung ist, man müsse sie meiden. Thomas Mann: *Tagebücher 1937–1939*, S. 489.

Kern der Auseinandersetzungen im Verband und deutete auch die Position Grafs und seiner Freunde völlig falsch. Denn diese hatte mit der von Moskau vorgegebenen politischen Wendung der Parteikommunisten wenig oder nichts zu tun. Die Gespräche Thomas Manns mit Curt Riess und Gerhart Seger belegen, dass Mann sich in der Sache stark von der Sicht Gerhart Segers beeinflussen ließ, ohne jedoch dessen denunziatorische Haltung mitzuvollziehen. Und er war überzeugt, der politische Streit werde sich selbst nach dem demonstrativen Ausscheiden Segers und seiner Freunde nicht aus der Arbeit im Schutzverband ausklammern lassen[161] – auch wenn er selbst den offenen Bruch noch scheute. Sein Brief an den Vorstand markiert somit recht deutlich den schmalen Grat zwischen Konsens und Divergenz auch in der verbliebenen Mitgliedschaft.

### Die weitere Arbeit

Nach dem Auszug der Gruppe um Seger und Epstein waren die Spannungen innerhalb des Verbandes also keineswegs vorbei. Eine Polarisierung, wie sie sich schon vorher abgezeichnet hatte, blieb bestehen, wobei auf dem einen Pol Graf mit seinen engeren Freunden stand, auf dem anderen die Familie Mann und ihr Freundeskreis. Stark vereinfacht könnte man auf der einen Seite von einer »linken« Gruppierung sprechen, die in der gegebenen Situation zum Pazifismus neigte, den deutschen Widerstand gegen das Naziregime ins Zentrum ihrer Überlegungen stellte und darauf bedacht war, dass sich die Emigration nicht von Deutschland entfernen dürfe. Auf der anderen Seite stand eine eher »liberale« Gruppierung, die entschieden für die mit Nazideutschland kriegsführenden Mächte optierte und sich gegen den amerikanischen Isolationismus aussprach. Aus dieser Sicht erschien natürlich der Hitler-Stalin-Pakt als Komplizenschaft Moskaus mit den deutschen Aggressoren. Man muss dabei freilich mitbedenken, dass die offiziöse Propaganda der Sowjetregierung solche Deutung nicht gerade als widersinnig erscheinen

---

[161] Vgl. Eintragung vom 27.10.1939. In: Thomas Mann: *Tagebücher 1937–1939*, S. 494; Eintragung vom 1.12.1939, S. 506. – Seine Zurückweisung von Leopold Schwarzschilds Denunziationen bleibt davon unberührt.

ließ. In einem Brief an ihren Bruder Klaus schreibt Erika Mann schon im September 1939: »Die russischen Sendungen sind *unerträglich*. In allen Sprachen hetzen sie gegen die Demokratien und zwar dergestalt, dass ihr Eingreifen nicht unwahrscheinlich, nicht undenkbar ist.«[162]

Die Mehrzahl der Mitglieder war jedoch nicht an politischen Konfrontationen innerhalb des Verbandes, sondern an seinem Fortbestehen interessiert. Ihnen ging es um Kontakte mit Schicksalsgenossen, um die Selbstbestätigung als Schreibende oder Intellektuelle im Exil und um gegenseitige Unterstützung in den Fährnissen des Emigrantenalltags als Schriftsteller, ohne sich dabei einer speziellen politischen Gruppierung zuzurechnen. Praktische Aufgaben gab es ja genug. Wie schwer es jedoch war, auch diese von den politischen Meinungsverschiedenheiten abzukoppeln, belegt ein Brief Oskar Maria Grafs an Berthold Viertel, in dem es um die Unterstützung bedrohter Kollegen in Europa ging. Das war und blieb ein dringliches Problem, zumal die Internierungen in Frankreich nach Kriegsbeginn allen große Sorgen bereiteten, die sich in den Vereinigten Staaten um die Rettung der Bedrohten bemühten.

Im Oktober 1939 nahm Berthold Viertel, der im Mai in die Vereinigten Staaten gelangt war, Kontakt zu Oskar Maria Graf auf. Die Lebensbedingungen der internierten Schriftsteller in Europa beunruhigten ihn sehr, und er engagierte sich stark bei den Hilfsaktionen. Deshalb empörten ihn die Attacken Schwarzschilds, der die französische Regierung faktisch aufgefordert hatte, »die kommunistischen Schriftsteller, soweit sie Emigranten sind, an Moskau und Berlin auszuliefern«.[163] Die »säuischen Berichte des Schwarzschild« über die Vorgänge im Schutzverband veranlassten ihn[164], dem Schriftstellerverband beizutreten, und weckten seinen Wunsch nach einer gründli-

---

[162] Erika Mann an Klaus Mann 3.9.1939. In: Erika Mann: *Briefe und Antworten*, Band I 1922–1950, (Hg.) Anna Zanco Prestel, München 1988, S. 140.
[163] Berthold Viertel an Oskar Maria Graf 4.10.1939. Zit. nach Siegfried Sudhof: *Leopold Schwarzschilds »Neues Tagebuch« im Winter 1939. Eine Korrespondenz Berthold Viertels mit Oskar Maria Graf*. In: Jahrbuch der Deutschen Schiller-Gesellschaft, 17. Jg., 1973, S. 125.
[164] Berthold Viertel an O. M. Graf 7.10.1939. In: Ebenda, S. 127.

chen Auseinandersetzung mit den Verleumdungen.[165] Bei Graf fragte er deshalb an, ob man sich nicht aktiv gegen solche Wortführer abgrenzen müsse, etwa mit einer Broschüre mit Beiträgen angesehener Autoren.[166] Graf zeigte sich jedoch skeptisch gegenüber einem solchen Vorschlag und erwog eher andere Varianten. Freilich musste er im gleichen Atemzug zugeben, dass für keine von ihnen Geld vorhanden war. In Sachen der in Frankreich Internierten aber notiert Graf betroffen, die Konzentrationslager der so demokratischen Franzosen reichten »schon sehr nahe an Hitlers gleichartige Einrichtungen heran«, nur geprügelt werde nicht.[167] Eine solche Sicht war natürlich überzogen und Graf hat sie auch nicht öffentlich gemacht. Im Gegenteil verwies er auch im Brief an Viertel darauf, dank guter Beziehungen von Curt Riess zum französischen Gesandten habe der Verband – nach Auskunft der französischen Botschaft – durch seine Intervention schon die Freilassung von 58 deutschen antifaschistischen Schriftstellern erreicht. Um solcher Erfolge willen sei es sogar sinnvoll, Frankreich auch wider besseres Wissen zu hofieren.[168] Übrigens wollte Graf auch nicht ausschließen, dass man sich vielleicht einmal in amerikanischen Konzentrationslagern wiedertreffen könne. Denn auch hier werde hin und her gehetzt, zur Präsidentenwahl brauche man einen »Rotenschreck« und Mr. Dies sei im Kommen.[169]

Man kann wohl davon ausgehen, dass der Rücktritt von Manfred Georg vom Amt des Generalsekretärs im November 1939

[165] Berthold Viertel an O. M. Graf 9.12.1939. In: Ebenda, S. 131.
[166] Berthold Viertel an O. M. Graf 7.12.1939. In: Ebenda, S. 127.
[167] O. M. Graf an Berthold Viertel, 19.12.1939. DLA Marbach, A: Viertel 69.2388/1.
[168] O. M. Graf an Berthold Viertel, 19.12.1939. DLA Marbach, A: Viertel 69.2388/1. – Einer Notiz vom Dezember 1939 in der Zeitschrift *Aufbau*, New York, zufolge teilte der Sekretär des GAWA in einen Brief an die *New York Times* mit, durch die Intervention des Verbandes bei der französischen Regierung sei eine größere Anzahl deutscher Schriftsteller (darunter viele jüdische) aus den französischen Konzentrationslagern befreit worden, in die sie teils durch die offiziellen Maßnahmen, teils durch gewissenlose, nicht unbekannte Denunzianten gekommen seien.
[169] Gemeint ist Martin Dies, der 1938 das Un-American Activities Committee wiederbelebt hatte. Vgl. Alexander Stephan: *Im Visier des FBI. Deutsche Exilschriftsteller in den Akten amerikanischer Geheimdienste.* Stuttgart, Weimar 1995, S. 3.

mit Frustration gegenüber den verbandsinternen Querelen zu tun hatte. Sicher ist aber, dass angesichts der neuen Situation im Verband die Doppelspitze Oskar Maria Graf und Manfred Georg nicht mehr imstande war, die divergierenden Bestrebungen zusammenzuführen. So hatte es einiges für sich, dass Curt Riess zum Generalsekretär der GAWA gewählt wurde[170], ein erfolgreicher Journalist und Schriftsteller, dessen Nähe zur Familie Mann bekannt war. Mit ihm hoffte man offenbar, die weiterbestehenden Gegensätze überbrücken und den künftigen Zusammenhalt der verbliebenen Mitgliedschaft sichern zu können. Auch der Name eines neuen Sekretärs, Kurt Hellmer, taucht einige Monate später in verschiedenen Zusammenhängen auf.[171]

Zur inneren Situation der GAWA schreibt Oskar Maria Graf recht illusionslos an Berthold Viertel, Thomas Mann stehe zwar zum Verband, aber nicht etwa, weil er die Haltung von Graf und Georg akzeptiere, sondern mehr, weil ihm die Herren Seger, Schlamm und Epstein zu sehr auf die Nerven gingen. Grafs Schlussfolgerung ist, man werde niemals weiterkommen, wenn man sich um die tausend großen und kleinen Anpöbeleien kümmern wollte. Die Erfahrung habe gelehrt, am besten sei es, sich nicht darum zu kümmern und einfach gute Arbeit zu machen. Ansonsten nehme der Mitgliederstand zu, »weil wir die Stänkerer los sind«.[172]

Die finanziellen Kalamitäten des Verbandes hörten freilich nicht auf, und die Mitgliedsbeiträge – ein Dollar Eintrittsge-

---

[170] Dass Manfred George zugunsten von Dr. Curt Riess als Generalsekretär zurückgetreten sei, teilt Leopold Schwarzschild bereits in seiner Polemik vom 4.11.1939 mit. Vgl. *Das neue Tagebuch 1939/45*, v. 4.11.1939. Klaus Mann informiert seinen Bruder Golo Mann in einem Brief vom 10.11.1939, dass Curt Riess Generalsekretär der GAWA geworden sei. – In seinen Erinnerungen geht Curt Riess nicht auf seine Tätigkeit in der GAWA ein. Vgl. Curt Riess: *Das war ein Leben! Erinnerungen*. Frankfurt a. M. 1990, S.172ff.

[171] Kurt Hellmer, ein Theatermann, war 1938 nach New York emigriert, schrieb als Redakteur eines deutschsprachigen Rundfunkprogramms für Emigranten kurze Hörspiele für diese Radiosendungen. Seit 1939 war er Redakteur des *Aufbau*, New York, u. a. mit einer regelmäßigen Kolumne »New Yorker Notizbuch«.

[172] O. M. Graf an Berthold Viertel, 19.12.1939. DLA Marbach, A: Viertel 69.2388/1.

bühr und vier Dollar Jahresbeitrag – reichten nicht weit. Immer wieder ist von »chronischer Geldknappheit« die Rede, und der Verband wäre wohl nicht arbeitsfähig gewesen, hätten sich nicht vierzehn amerikanische Sponsoren gefunden, die ihn als eine strikt literarische und politisch neutrale Organisation unterstützten.[173] Im Rechenschaftsbericht vom Mai 1940 verweist Graf auf einige weitere, wenn auch bescheidene Geldquellen, so ein Kostümfest, das rund 250 Dollar Überschuss erbracht habe, und ein Bockbierfest, bei dem etwa 70 Dollar eingekommen waren. Erst dadurch sei die Kasse wieder ins Gleichgewicht gekommen und die ständige Sorge an Büromiete, Telefongebühren, Portospesen und Bezahlung des Sekretärs ein wenig erleichtert worden – sogar die Schulden konnten abgetragen werden.[174]

Die erwähnten Veranstaltungen waren nicht nur als Geldquelle willkommen, sie kamen vor allem einem Bedürfnis nach heiterer Geselligkeit entgegen. Als einer innerhalb einer Vielzahl von Clubs und Vereinigungen der deutschamerikanischen, jüdischen und Immigranten-Szene New Yorks hatte der SDAS dem Aspekt der Geselligkeit im zweiten Halbjahr 1939 wenig Aufmerksamkeit geschenkt und alle Bemühungen in dieser Richtung anderen überlassen. Nachdem nun zu Beginn des Jahres 1940 – scheinbar – etwas Ruhe eingekehrt war, besann man sich auf die Tradition der Künstlerfeste. Das erste New Yorker Künstler-Kostümfest der GAWA fand am 23. Februar 1940 im Cafe Vienna unter dem Motto »Der tanzende Pegasus« (See the Dancing Writers) statt und wurde – wie gesagt – zu einem beachtlichen Erfolg. Da der Eintrittspreis 88 Cents betrug, kann man von mehreren hundert Besuchern ausgehen.[175] Wenige Wochen später folgte dann am 5. April ein »Frühlingsfest der GAWA«, das unter dem Motto »The Pen Needs Ink, the Soul a Drink« ebenfalls im Cafe Vienna stattfand. Angekündigt wurde ein buntes Programm mit »Exzentricks, Exotics, Gesang, Tanz und Schuhplattler, sowie

[173] Robert E. Cazdan: *German Exile Literature*, S. 154. – Cazdan beruft sich auf eine Publikation von Manfred Georg in der neuen Schweizerischen Rundschau NF, 17:313 (1949/50).
[174] O. M. Graf: *Rede an die Mitgliederversammlung der GAWA*. In: O. M. Graf: *Reden und Aufsätze aus dem Exil*, S. 148.
[175] Vgl. *Aufbau*, New York, v. 9.2.1940, S. 13, und v. 16.2.1940, S 7.

physischen, psychischen und anderen Ueberraschungen«. Der Anzug stehe in jedermanns Belieben.[176]

Ob die einzige mir bekannt gewordene literarische Publikation, die mit dem Wirken der GAWA verbunden ist, für den Verband mit Kosten verbunden war, geht aus den mir bekannten Quellen nicht hervor. Ich meine eine Auswahl von Texten für das Dezemberheft der renommierten amerikanischen Literaturzeitschrift *Direction* (Darien, Conn.). Dieses Sonderheft wurde vom Schutzverband gefördert, der zunächst eine Redaktionsgruppe für dieses Heft gewählt hatte, der Wieland Herzfelde, Friedrich Alexan, Walter Schönstedt und Will Schaber angehörten. Nach Grafs Darstellung im – bereits erwähnten – Bericht an die Mitgliederversammlung hatte diese Gruppe zunächst gut gearbeitet, doch letztendlich musste Herzfelde die umfangreiche Redaktionsarbeit allein zu Ende führen. Das Heft erschien unter dem Titel »Exiled German Writers« und enthält Beiträge von Oskar Maria Graf, Ferdinand Bruckner, Bertolt Brecht, Ernst Bloch, Klaus Mann und anderen. Der Umschlag des Heftes wurde von Herzfeldes Bruder John Heartfield entworfen, der in England lebte.[177] Eine Besprechung von Hans Lamm in der Zeitschrift *Aufbau* informiert den Leser, Wieland Herzfelde gebe einen informativen Gesamtüberblick über die Lage der Schreiber im Exil, Ernst Bloch beschreibe ihre besondere, sprachlich-seelische Konfliktlage zum neuen Krieg und Curt Riess steuere ein Interview Thomas Manns bei. Während Klaus Mann über seine Beziehung zur Literatur Nordamerikas spreche, beschäftigten sich andere Aufsätze mit dem Deutschamerikanischen Kulturbund sowie mit Malern und Musikern in der Verbannung.[178] Diese Sonderausgabe der *Direction* wirke – versichert Graf im Mai 1940 in seinem Rechenschaftsbericht an die Mitgliederversammlung – propagandistisch noch immer sehr gut und habe dem Verband am Ende sogar Geld eingebracht.[179] Denn der Ver-

---

[176] Frühlingsfest der GAWA. In: *Aufbau*, New York, v. 5.4.1940, S. 10.
[177] Robert E. Cazdan: *German Exile Literature*, S. 104. – Ich berufe mich auf Cazdan, weil ich das Original oder eine Kopie des Heftes nicht einsehen konnte.
[178] Hans Lamm (Kansas City): *Exiled German Writers*. In: *Aufbau* No. 26, 29.12.1939, S. 11.
[179] O. M. Graf: Rede an die Mitgliederversammlung der GAWA. In: O. M.

lag der Wochenschrift hatte eine größere Anzahl von Exemplaren zur Verfügung gestellt. Von diesen konnten hundert Hefte, die von den Autoren handsigniert waren, für einen Dollar verkauft werden, der Rest wurde zum Vorzugspreis von zehn Cent an Mitglieder abgegeben.[180]
Ansonsten wurde die Öffentlichkeitsarbeit des Verbandes nach bewährtem Muster fortgesetzt. Einige Hinweise auf das Programm finden sich im Brief Oskar Maria Grafs an Berthold Viertel vom Dezember 1939 und im Rechenschaftsbericht vom Mai 1940. Da wird eine sehr schöne und vollbesuchte Trauerfeier für Sigmund Freud erwähnt, die am 28. November 1939 stattfand[181] – wahrscheinlich war an ihr auch Thomas Mann beteiligt.[182] Etwas geringer besucht war eine Feier in memoriam von Karel Čapek, die – wie Graf schreibt – programmmäßig noch ausgeglichener verlaufen sei.[183] Der Ankündigung dieses »Tschechoslowakischen Abends« und einer Besprechung im *Aufbau* ist zu entnehmen, dass F. C. Weiskopf als Hauptredner über »Geist und Größe der tschechischen und slowakischen Nation« sprach und dabei die Wechselbeziehungen zwischen der tschechischen, slowakischen und deutschen Kultur hervorhob. Dem folgten Erinnerungen eines persönlichen Freundes von Karel Čapeks und eine Lesung aus dem Drehbuch zu einem Film über Kischs »Galgentoni«. Der Abend war als eine Hommage an das von der Karte wegradierte Land konzipiert, als eine Demonstration, dass der Geist dieses Landes nicht auszulöschen sei. Als Ausklang wurde das Adagio von Dvorak gespielt, dessen aufrührerische und melancholische Melodie die Atmosphäre der Feier ausgedrückt habe.[184] Die Leitung des Abends lag bei Walter Schönstedt.

Graf: *Reden und Aufsätze aus dem Exil*, S. 147.
[180] GAWA Mitteilungen, S. 2. DEA Frankfurt, AmGuild. – Der reguläre Preis betrug 15 cts.
[181] *Aufbau*, New York, No 21, 15.11.1939, S. 29. – Als Redner waren angekündigt Prof. I. S. Wecksler und Theodor Reik.
[182] Vgl. Eintrag vom 24.11.1939. In: Thomas Mann, *Tagebücher 1937–1939*, S. 504.
[183] O. M. Graf an Berthold Viertel 19.12.1939. DLA Marbach, A: Viertel 69.2388/1.
[184] (Ankündigung) In memoriam Karel Čapek. In: *Aufbau*, New York, No. 23, v. 8.12.1939; K. H. (d.i. Kurt Hellmer) German American Writers Ass. In: *Aufbau*, New York, No 25, v. 22.12.1939.

In seinen Tagebüchern hat Klaus Mann Eindrücke, Urteile und Notizen zu Veranstaltungen des Verbandes festgehalten, die er selber bestritten oder besucht hat. Unter dem Datum 13.12. (1939) notiert er, er habe bei den German-American Writers aus seinem Emigranten-Roman *Der Vulkan* gelesen. Das bezieht sich auf eine Veranstaltung für Deutschlehrer mit Beiträgen verschiedener Autoren. Doch sei es – meint Klaus Mann – für die etwa 200 Teilnehmer ein ziemlich trauriger Abend gewesen, weil man zu viele Vortragende habe sprechen lassen. Er selbst vermochte offenbar nur für eine Novelle von Martin Gumpert Interesse aufzubringen, die den Titel *Der Einsame* trug.[185] Dass dieser »Deutschlehrerabend« gänzlich misslungen sei, meinte auch Graf in seinem Rückblick auf die vergangene Saison.[186] Im Februar 1940 findet sich in Klaus Manns Tagebuch noch der Hinweis auf einen Abend über Journalismus, auf dem sein Freund Curt Riess und ein Amerikaner namens Garr sprachen und er selber den Chairman machen musste – freilich vor einem beschämend kleinen Auditorium.[187]

Erfreulicher verlief dagegen offenbar ein Autorenabend am 12. Januar mit Bruno Frank, den Graf einleitete. Das war der erste deutschsprachige Abend der GAWA im Jahr 1940. Die gedruckte Einladung stellt Frank als einen der hervorragendsten deutschen Schriftsteller und ausgezeichneten Sprecher seiner Texte vorlesen werde er eine neue unveröffentlichte Novelle mit dem Titel *16 000 Francs*.[188] Klaus Mann besuchte den Abend und lobt in seiner Niederschrift sowohl die Novelle als auch den Vortrag Franks – sogar das Publikum sei animiert gewesen. Und dieses Publikum war tatsächlich bemerkenswert: Unter den Zuhörern befanden sich Leute wie Kortner, Zuckmayer, E. E. Jacob, Ernst Bloch, F. C. Weiskopf und Curt Riess.[189] In einer

---

[185] Klaus Mann: *Tagebücher 1938 bis 1939*, S. 145.
[186] O. M. Graf: *Reden und Aufsätze aus dem Exil*, S. 147.
[187] Klaus Mann: *Tagebücher 1940 bis 1943*, (Hg.) Joachim Heimannsberg, Peter Laemmle und Wilfried F. Schoeller. München 1991, S. 18. – Es handelt sich offenbar um den für den 7.2.1940 angekündigten Abend über »Moderne Reportage« mit Curt Riess und Jay Allen. In: *Aufbau*, New York, v. 2.2.1940.
[188] (Einladungsschreiben, hektografiert). DEA Frankfurt.
[189] Eintragung vom 14.1.1940. In: Klaus Mann, *Tagebuch 1940 bis 1943*,

fast schwärmerischen Besprechung des Abends geht Manfred George vor allem auf die Novelle ein, mit der Frank nach Jahren der Filmarbeit wieder zur eigenen Form zurückgekehrt sei, und hebt den »von Herzlichkeit durchwärmten Vortrag« hervor, der von der Zuhörerschaft als »eine reinmenschliche Beglückung« empfunden worden sei.«[190]

Für den Januar 1940 hatte Graf außer dem Reportage-Abend mit Curt Riess weitere Autorenabende angekündigt.[191] Wie weit sie realisiert werden konnten, lässt sich – nach den mir vorliegenden Quellen – nicht schlüssig beantworten. Belegt ist nur, dass am 15. Februar ein erster amerikanischer Autorenabend mit Lillian Hellmann stattfinden sollte, einer – wie es in der Ankündigung heißt – «bedeutenden Persönlichkeit des amerikanischen Theaters«, Autorin mehrerer erfolgreicher Stücke, die über »Das amerikanische Theater« sprechen sollte.[192] Nach einem ungewöhnlich erfolgreichen Abend mit Autorinnen – genauere Angaben dazu liegen mir nicht vor – fand am 9. April im Cafe Forum ein zweiter Autorenabend mit Friedrich Alexan, Wladimir Eliasberg, Arno Schirokauer und Karl Schück statt, die aus unveröffentlichten Arbeiten lasen.[193] Einen besonderen Akzent erhielt dieser Abend durch Carl Zuckmayer, der die einleitende Worte über die Beziehung zwischen Emigration und Schrifttum sprach. Er bemühte sich, das Positive dieser Völkerwanderung hervorzukehren, die sich auf keine bestimmte Religion, Rasse oder Nationalität beschränken lasse, und betonte, die Emigranten hätten durch ihr Schicksal nicht nur vieles verloren, sondern auch neue Kräfte gewonnen. Doch merkt der Autor einer Besprechung des Abends kritisch an, die Auswahl der Autoren habe nicht ganz den Hoffnungen entsprochen, die Zuckmayer zu vermitteln versuchte. Als recht zeitfern wird ein

---

S. 13. – Eine kurze Ankündigung mit einer Charakteristik des Autors und einem Mini-Interview findet sich auch in: *Aufbau*, New York, v. 12.1.1940.

[190] M. G. (d. i. Manfred George): »*16000 Francs*«. Bruno Franks neues Werk. In: *Aufbau*, New York, v. 19.1.1940, S. 10. 69.2388/1.

[191] O. M. Graf an Berthold Viertel 19.12.1939. DLA Marbach, A: Viertel

[192] Vgl. *Aufbau*, New York, v. 9.2.1940, S. 13.

[193] Zuckmayer in der GAWA. In: *Aufbau*, New York, No 14, v. 5.4.1940, S. 9.

Text von Schirokauer beschrieben, der unter dem Titel *Der Weg zum Pol* klar und nüchtern die Geschichte des Polfahrers Peary erzählt. Dagegen sei ein Ausschnitt aus Alexans *Station Paris* an lebensnahesten, mit ein wenig klischeehaften, doch lebendigen Typen dieser Zeit. Weniger Gnade finden vor den Augen des Rezensenten zwei Szenen aus einem Drama von Eliasberg, weil die Gestalten aus der Nazi-Bewegung schwarz-weiß gezeichnet seien. Ein Abschnitt aus Schlicks *Der Totentanz* schließlich habe die Hörer in die Atmosphäre eines Refugee-Schiffes versetzt, das auf der Donau herumirrte[194] – das ist die Story vom Schiff auf der Donau, die damals große Aufmerksamkeit fand und von Friedrich Wolf und anderen literarisch gestaltet wurde. Trotz seiner kritischen Haltung betont der Berichterstatter, der Abend sei gut besucht gewesen und ein großer Erfolg geworden – wobei Zuckmayers Auftritt wohl einigen Anteil hatte.

In seinem Rechenschaftsbericht zum Mitgliederversammlung im Mai 1940 resümiert Oskar Maria Graf, im großen Ganzen seien die Veranstaltungen der GAWA erfolgreich verlaufen, doch er lässt es auch an kritischen Tönen nicht fehlen. Eine fünfköpfige Vortragskommission habe sich bald verlaufen, berichtet er, sodass von Seiten des Vorstands nun jeweils zwei Verantwortliche mit der Vorbereitung eines jeden Abends betraut würden. Das habe sich bei dem Abend mit Autorinnen bewährt, der überfüllt gewesen und programmmäßig glänzend verlaufen sei. Aber auch der von vier Autoren bestrittene Abend gehöre zu den bestgelungenen. Die Abende in englischer Sprache dagegen seien bestenfalls zufriedenstellend verlaufen. Ausdrücklich beklagt der Vorsitzende Graf die geringe Besucherzahl mancher Veranstaltungen und erwähnt besonders einen Abend mit Joris Ivens und seinen Dokumentarfilmen[195] als ein beschämendes Beispiel dafür. Jeder, der sich für eine solche Veranstaltung plagte, müsse verdrießlich werden, wenn er sich so wenig unterstützt fühlte. Graf fordert die Mitglieder auf, dem Verband künftig zumindest durch ihre Anwesenheit aufzuhelfen und sel-

---

[194] E. T. S.: Autoren-Abend der GAWA. In: *Aufbau*, New York, No 18, v. 12.4.1940, S. 8.
[195] Laut Ankündigung fand dieser Abend am 5.3.1940 statt. – Ivens führte seinen amerikanischen Frontier-Film *The People of Cumberland* vor. Vgl. *Aufbau*, New York, No 9, v. 1.3.1940, S. 13.

ber aktiv zu werden in der täglichen Arbeit. Die Haltung der Mitglieder zu den Veranstaltungen müsse sich ändern. Denn die so außerordentlich erfolgreich verlaufene Vorlesung von Bruno Frank zeuge – abgesehen vom ehrlichen Interesse – doch auch von einer aus der Heimat mitgebrachten, fast konservativen »Prominenten-Sucht«.[196]

### Die Radio-Arbeit

Als einen wichtigen, wenn nicht den wichtigsten Bereich der Wirksamkeit der GAWA betrachtete Oskar Maria Graf die Radio-Arbeit.[197] Die Bemühungen in diese Richtung hatten, offenbar initiiert von Walter Schönstedt, schon Ende 1938 begonnen. Manfred Georg, der erste Generalsekretär, bemühte sich, Verbindung mit örtlichen Stationen aufzunehmen. Die Radio-Leute zeigten Interesse, und die GAWA erhielt – vermittelt durch eine dort schon aktive Anti Nazi League – das Angebot, Vorschläge einzureichen. Ein Herr Epstine oder Epstein[198] von der Anti Nazi League »übernahm die Sache dort zur Bearbeitung« und bat einige Mitglieder der GAWA ihre Vorschläge auszuführen. Das geschah auch, und mehrere Autoren schickten die angeforderten Rundfunk-Beiträge an den besagten Epstein. Soweit waren die Dinge gediehen, als Manfred Georg auf Reisen ging. Ob nun von Seiten der Anti Nazi League oder des Senders Verzögerungen eintraten, bleibt unklar, jedenfalls beschwerten sich die enttäuschten Schreiber bei Schönstedt und Graf, als sie nichts mehr vom Schicksal ihrer Texte erfuhren. In Grafs Augen war die Verbindung zum Sender unterbrochen und er machte dem abwesenden Manfred Georg deswegen heftige Vorwürfe – offenbar ohne sich in der vorliegenden Korrespondenz des Verbandes über den Stand der Dinge zu informieren.[199] Es kostete Georg einige Mühe, die Verwirrungen aufzulösen.[200]

---

[196] O. M. Graf: *Reden und Aufsätze aus dem Exil*, S. 147.
[197] O. M. Graf: *Reden und Aufsätze aus dem Exil*, S. 149.
[198] Ob dieser mit dem oben mehrfach genannten Redakteur identisch ist, geht aus den mir bekannten Quellen nicht hervor.
[199] Manfred Georg an O. M. Graf, Hollywood 19.1.1939. DLA Marbach, A: George 75.4690/3.
[200] Vgl. O. M. Graf an Manfred Georg 9.1.1939. DLA Marbach A: George

Regelmäßige deutschsprachige Radiostunden für deutsche Refugees gab es bei den lokalen New Yorker Sendern schon seit Ende 1938.[201] Ihr wichtigster Träger war der German Jewish Club (GJC), der als Sammelorganisation jüdischer Neueinwanderer in den zwanziger Jahren entstanden war und im Jahr 1934 auch die Zeitschrift *Aufbau* als Verbandsorgan gegründet hatte, deren Chefredaktion Manfred George am l. April 1939 übernommen hatte. Wieweit Mitglieder der GAWA an den Sendungen dieser Radiostunde beteiligt waren, bedürfte spezieller Recherchen. Mir sind im Jahr 1939 keine Sendungen bekannt, auf die die GAWA irgendeinen bestimmenden Einfluss hätte ausüben können.

Das Hauptverdienst am Zustandekommen einer regelmäßigen Radiostunde im lokalen Rundfunk kommt Walter Schönstedt zu, dem New Yorker Sekretär der GAWA. Er baute die Beziehung zum Sender WCNW (Welle 1500) auf, einer kleinen Station mit geringer Reichweite in Brooklyn, New York. Sie arbeitete auf kommerzieller Basis und ließ ihre deutschsprachigen Sendungen von Sponsoren aus der Privatwirtschaft finanzieren. Die kleine deutsche Redaktion arbeitete auf Honorarbasis, die Redakteure hatten freie Hand bei der Gestaltung des Programms, sofern es nur die Werbeeinnahmen sichern half. Leiter der deutschsprachigen Programme waren Victor Sordan, Kurt Hellmer und Karl Marey. Der Eigentümer des Senders stellte der GAWA die Sendezeit kostenlos zur Verfügung[202], und Walter Schönstedt brachte so viel Geld auf, dass der Verband den Mitwirkenden – Autoren, Schauspieler und Sendeleiter – sogar bescheidene Honorare zahlen konnte. Offenbar war er dabei recht erfindungsreich, denn Graf berichtet in seinem Rechenschafts-

---

75.2683/2.; O. M. Graf an Manfred Georg 13.1.1939. DLA

[201] Vgl. Dr. Fritz Schlesinger: *Unsere Radiostunde.* In: *Aufbau,* New York, No 13, v. 1.12.1938; W. C. H.: *Radio-Stunde. Rückblick und Ausblick.* In: *Aufbau,* New York, No l, v. 3. 1.1939; Dr. Hella Meyer: *Hier New York auf Welle WEVD. Radiostunden mit emigrierten Künstlern.* In: *Aufbau,* New York, No 5, v. 15.3.1939.

[202] Vgl. Conrad Putter: *Rundfunk gegen das »Dritte Reich«,* Deutschsprachige Rundfunkaktivitäten im Exil 1933–1945. Ein Handbuch. Unter Mitwirkung von Ernst Loewy und mit einem Beitrag von Elke Huscher, erarbeitet im Auftrag des Deutschen Rundfunkarchivs. München 1986, S. 182.

bericht vom Mai 1940, Schönstedt habe einen bekannten Club zu einem musikalischen Abend zugunsten der Radio-Arbeit veranlassen können. Dort sprachen neben Klaus Mann ein Journalist von der »New York Harald Tribüne« und Schönstedt, aber es wurden auch handschriftliche Manuskripte Thomas Manns, Franz Molnars und Wystan Hugh Audens sowie ein Aquarell von George Grosz versteigert. Zusammen mit dem Anteil an verkauften Tickets erbrachte das 800 bis 900 Dollar, was den Kostenaufwand für die Radioarbeit ein halbes Jahr lang sichergestellt hätte.

Die Radiostunde der German-American Writers Association wurde ab 12. Januar 1940 wöchentlich gesendet, zunächst stand eine Viertelstunde zur Verfügung, ab Februar 1940 war es eine halbe Stunde.[203] Die Sendereihe wurde von Victor Sordan geleitet und konnte völlig unzensiert in eigener Verantwortung der GAWA gestaltet werden. Ursprüngliche Richtlinie für die Sendung war – nach Grafs Darstellung – jeweils das Schicksal eines hervorragenden Deutschen in Amerika in Dialogform vorzustellen. Realisieren ließ sich das nicht regelmäßig, weil sich nicht genügend Mitglieder zur Mitarbeit bereitfanden, und so mussten auch andere Manuskripte genutzt werden. Die Radiostunde der GAWA hatte ein vergleichsweise hohes Niveau, im Vordergrund standen Autorenlesungen, bei denen auch jüngere, noch unbekannte Autoren zu Wort kamen. Häufig wurden Hörspiele über den Alltag im nationalsozialistischen Deutschland gesendet. Insgesamt dürften Interviews, Betrachtungen und Sketches die Hauptformen der Radio-Beiträge gewesen sein. Als die Sendezeit auf eine halbe Stunde erweitert wurde, konnten auch dichterischer Beiträge in einem höheren Maß verwendet werden.[204] Das halbstündige Radioprogramm trug den Titel *In God's Country* und wurde jeden Donnerstag um 6:30 p.m. übertragen.[205] Zu den Mitarbeitern gehörten Ferdinand Bruck-

---

[203] Conrad Pütter: *Rundfunk gegen das »Dritte Reich«*, S.182.
[204] O. M. Graf: *Reden und Aufsätze aus dem Exil*, S. 149f.
[205] Eine Zeitungsmeldung vom 30.1.1940 informiert, «WCNW has turned over to this committee (d. h. der GAWA. D. S.) all control and direction of this program – with the sole exception of certain technical FCC regulations. As a result, the group of writers, who compose the German-American Writers Association, will have the facilities to produce a radio

ner, Manfred George, Kurt Hellmer, Erika Mann, Klaus Mann, Will Schaber, Walter Schönstedt, Carl Zuckmayer u. a.[206]

Ein englischsprachiger Prospekt – ebenfalls von Schönstedt kostenlos zur Verfügung gestellt – formuliert die Zielstellung der Sendereihe in einigen Leitsätzen. Sie solle – heißt es da – dem Nazi-Einfluss in den USA über den Rundfunk entgegenwirken; die German departments an Schulen und Universitäten mit Texten der Programme für deren Unterricht und dramatische Darbietungen versorgen; das Werk hervorragender Künstler und Schauspieler in Deutsch und Englisch vorstellen, um das Zusammenwirken beider Kulturen zu befördern; deutsch-amerikanischen Gruppen bei der Herstellung eigener Programme – ohne »Hilfe« des deutschen Propagadaministeriums – unterstützen; exilierten Schriftstellern und Künstlern bei der Eingliederung im Gastland beistehen; die wahre deutsche Kultur verteidigen und den deutsch-amerikanischen Geist im Sinne von Steuben, Schurz u. a. festigen.[207]

Über die Programmgestaltung geben die regelmäßigen Ankündigungen in der Zeitschrift *Aufbau* recht detailliert Auskunft. Wie es scheint, handelte die Redaktion dabei journalistisch völlig selbständig, konnte sich aber auf das Potential der GAWA stützen und verstand sich als deren Organ gegenüber der deutschamerikanischen Öffentlichkeit – in den Ankündigungen firmiert die Sendung als »Unabhängige Radiostunde der GAWA« oder »GAWA Radiostunde«. Die erste Information über den Beginn eines eigenen Radioprogramms der GAWA in deutscher Sprache erschien im *Aufbau* vom 12. Januar 1940. Sie nennt als Sendetermin auf Welle 1500, Station WCNW, jeden Donnertagabend von 6.30 bis 6.45 p. m. und weist mit den Reihen *Der Mann der Woche*, *Deutsches Schicksal in Amerika* und *Mein Kind, das verstehst du nicht* – einem regelmäßigen Vater-Sohn-Gespräch – auf die geplante Strukturierung der Sendung hin. Für die erste Sendung am 11. Januar 1940 wird ein Inter-

> program which meets their own ideas of how such a program should picture the cultural tradition of German civilisation«. Vgl. *There is a story inside.* (Prospekt). BSB München, Teilnachlass O. M. Graf.
>
> [206] Conrad Pütter: *Rundfunk gegen das »Dritte Reich«*, S. 183.
>
> [207] *There is a story inside.* (Prospekt zur Radio-Arbeit der GAWA, ca. Februar 1940). BSB München, Teilnachlass O. M. Graf.

view mit Bruno Frank und eine Szene mit Nikolaus Lenau als Hauptfigur angekündigt. Die Leitung der Sendung lag – wie in der Regel auch in späteren Sendungen – in der Hand von Victor Sordan, fürs Manuskript zeichneten Hans Janowitz und Kurt Juhn verantwortlich.[208] Eine zweite Sendung stellte Robert Reitzel, einen deutschamerikanischen Pfarrer, Landstreicher und Redakteur aus dem 19. Jahrhundert vor.[209]

Schon am 2. Februar wird in einer weiteren Ankündigung mitgeteilt, des großen Anklangs wegen, den dieses deutschsprachige Programm gefunden habe, werde die Sendezeit auf 30 Minuten ausgedehnt.[210] Die erste halbstündige Sendung am 8. Februar trug einen programmatischen Charakter, sie brachte ein Hörspiel von Wolfgang H. Citron mit dem Titel *Die deutschen Schriftsteller feiern Lincoln* und anschließend von Stefan Heym einen Dialog zwischen Abraham Lincoln und Carl Schurz, der mit der Verlesung der Rede von Schurz gegen die Sklaverei endet.[211] Die Thematik der amerikanischen Geschichte wird fortgesetzt mit einer dramatischen Skizze von Klaus Hilzheimer »Washington in Valley Forge«[212] und das Thema der deutschen Schicksale in Amerika mit einem Essay von Raoul Auernheimer über *Postl-Sealsfield, ein österreichisch-amerikanisches Schicksal*[213], einer biografischen Szene von Theodor Feldmann *Der junge Carl Schurz*[214] und einem Hörspiel von Franziska Ascher *Steinweg übers Meer*, das die Geschichte des deutschen Einwanderers Steinweg und der Entstehung der amerikanischen Klavierfabrik Steinway erzählt.[215] Doch offensichtlich war die ursprünglich vorgesehene Strukturierung der Sendungen nicht

---

[208] Unabhängige deutsche Radiostunde der GAWA. In: *Aufbau*, New York, v. 12.1.1940, S. 10.

[209] Die Radiostunde der GAWA, Do 18.1.1940. In: *Aufbau*, New York, v. 19.1.1944, S. 9.

[210] Erweiterte Stunde der GAWA. In: *Aufbau*, New York, v. 2.2.1940.

[211] Freie deutsche Schriftsteller feiern Lincoln. In: *Aufbau*, New York, No 8, v. 16.2.1940, S. 10.

[212] Zuckmayer am Radio. Do. 22.2.1940. In: *Aufbau* v. 23.2.1940, S. 11

[213] Stunde der German-American Writers Do. 15.2. In: *Aufbau*, New York, v. 16.2.1940

[214] *Aufbau*, New York, v. 8.3.1940, S. 6.

[215] GAWA Radiostunde Do 9.5.1940. In: *Aufbau*, New York, v. 10.5.1940, S. 9.

durchzuhalten, einerseits, weil entsprechende Beiträge fehlten, andererseits, weil aktuelle Vorgänge und verfügbare Texte andere Verfahrensweisen forderten.

Wenn der Skizze über George Washington eine Lesung Carl Zuckmayers aus eigenen Werken zum Höhepunkt folgte, konnte man das noch als Variante der ursprünglichen Planung verstehen. Doch schon die Ankündigung im *Aufbau* macht klar, was hier als Zentrum der Sendung verstanden wird: »Zuckmayer am Radio«.[216] Das lässt sich auch noch für die Kombination der Szene über Schurz mit Bert Brechts *Der Spitzel* sagen.[217] Doch in den folgenden Wochen werden wechselnde Themen charakteristisch, die oft an aktuelle Vorgänge angelehnt sind. So werden im März anlässlich des »Tschechoslowakischen Tages« eine historische Reportage von Franziska Ascher *Der Weg ins Freie* und ein Hörspiel von Manfred George *Nacht auf dem Hradschin* gesendet.[218] Das tschechoslowakische Thema wird weiterverfolgt mit einer Reportage unter dem Titel *Theater! Theater!*, die Victor Sordan nach Karel Čapeks *Wie ein Theaterstück entsteht* für den Funk geschrieben hat[219], vor allem aber mit dem Hörspiel von Hans Altmann *Die Nacht zum 14. November,* das die Erschießung von Prager Studenten durch die Nazis behandelt.[220] Auf den drohenden Krieg verweist die Sendung eines Hörspiels *Sie fliegen durch die Luft* von Norman Carvin, ein amerikanisches Stück, das auf eine Erklärung Benito Mussolinis über die Schönheit der Bombardierung offener Städte reagiert.[221] Die deutsche Fassung hatte der Lyriker und Übersetzer Ernst Waldinger hergestellt, der auch vorher schon im Programm vertreten war.[222] Erwähnt seien noch die Sendung eines Hörspiels von

---

[216] Zuckmayer am Radio. Do 22.2.1940. In: *Aufbau*, New York, No 8 v. 23.2.1940. S. 11.
[217] *Aufbau*, New York, v. 8.3.1940.
[218] Radiostunde der GAWA Do 14.3.1940. In: *Aufbau*, New York, v. 15.3.1940, S. 7.
[219] GAWA Radiostunde Do 18.4.1940. In: *Aufbau*, New York, No 16, 19.4.1940, S. 10.
[220] GAWA Radiostunde Do 2.5.1940. In: *Aufbau*, New York, v. 3.5.1940, S. 9.
[221] GAWA Radiostunde Do 16.5.1940. In: *Aufbau*, New York, No 20, v 17.5.1940. S. 12.
[222] GAWA Radiostunde Do 29.2.1940. In: *Aufbau*, New York, No 9, v

Peter Nicki *An der Grenze*[223] und eine Sendung im April, in der ein Autor namens Hanns Schimmerling eigene Gedichte las und eine deutschamerikanische Jugendföderation sich dem Rundfunkpublikum vorstellte.[224]

»Herrn Sordan ein Interview für die Radio-Sendung der German-American Writers Association gegeben«[225] – zu Anlass und Thema des Gesprächs schreibt Klaus Mann allerdings nichts. Aufzeichnungen Thomas Manns belegen, dass noch im Juni 1940 eine halbstündige Radio-Feier zu seinem 65. Geburtstag stattgefunden hat, bei der sich Auernheimer, Bruckner, Zuckmayer, Schaber u. a. zu Wort meldeten. Auch Erika Mann habe für diese Feier einen Beitrag auf Platte gesprochen. Allerdings – fügt er hinzu – für ihn in Princeton sei die Sendung nur schlecht verständlich gewesen.[226]

Noch im Mai 1940 hatte Oskar Maria Graf gehofft, die GAWA-Stunde werde mit der Zeit »eine Art Sprachrohr für uns« werden.[227] Damit verband sich für ihn die Erwartung, mit diesen Sendungen die exilierten Autoren bekannt machen und ein größeres Publikum für ihre Bücher gewinnen zu können. Dabei setzte er unter anderem darauf, dass die auf Platten aufgenommenen Sendungen von Radiostationen anderer Städte übernommen werden und so eine landesweite Grundlage für den Absatz deutscher Bücher geschaffen werden könne.[228] Solch hochfliegende Pläne blieben ein Wunschtraum, zeugen aber immerhin von ernsthaften Überlegungen zu einer Strategie literarischer Öffentlichkeitsarbeit, die sich an den Realitäten und Besonderheiten der kulturellen Kommunikation des Gastlandes orien-

---

1.3.1940. S. 11.

[223] GAWA Radiostunde Do 28.3.1940. In: *Aufbau*, New York, No 13, v 29.3.1940. S. 3.

[224] GAWA Radiostunde Do 4.4.1940. In: *Aufbau*, New York, No 14, v. 5.4.1940, S. 19.

[225] Klaus Mann: *Tagebücher 1940–1943*, S. 28. – Vgl. GAWA Radiostunde Do 21.3.1940. In: *Aufbau*, New York, No 13, v. 22.3.1940, S. 11. – Das Interview stand am Beginn einer Sendung des Hörspiels von Paul Nettl »Besuch bei Goethe«.

[226] Eintragung vom 6.6.1940. In: Thomas Mann: *Tagebücher 1940–1943*, S. 91.

[227] O. M. Graf: *Reden und Aufsätze aus dem Exil*, S. 149.

[228] O. M. Graf: *Reden und Aufsätze aus dem Exil*, S. 146, 150

tiert. Doch, selbst wenn dem Verband eine längere Lebensdauer beschieden gewesen wäre, der vorhandene »Apparat« war weit entfernt davon, eine personelle und organisatorische Basis für solche Pläne herzugeben. Klagte doch Graf selber darüber, wie anarchisch es im Verband zugehe, weil Schriftsteller eben besondere Menschen seien und oft »ärgerlich eigenmächtig«.[229]

## Die Auflösung der GAWA

In einem späten Brief an Lion Feuchtwanger hat Oskar Maria Graf seine Sicht auf die damaligen Vorgänge skizziert. Die politischen Reibereien innerhalb des Verbandes – schreibt er – hätten schon bald nach seiner Wahl zum Präsidenten begonnen. »Herr Schlamm, Seger und andere witterten weiß Gott was für ›kommunistische Machenschaften‹, es kam der finnländische Krieg, Herr Epstein, ehemals Redakteur der Wiener ›Roten Fahne‹, inzwischen aber wie Schlamm aus der KP ausgetreten und zu einem der wüstesten amerikanischen Vigilanten (d. h. Mitglied von US-amerikanischen Wachsamkeits-Komitees. D. S.) geworden, verfasste mit Schlamm und anderen eine Broschüre ›Gegen den Strom‹, worin ich mit anderen (Manfred George und Klaus Mann etc.) als ›Stalinagent in der Lederhose‹ angeprangert wurde.[230] Diese Broschüre übersetzten sie auch englisch und sandten sie an jeden US-Senator. Von da ab begannen die Schnüffeleien der FBI, stunden- und tagelang ›hearings‹ und Haussuchungen bei mir und meinen Freunden.«[231] Ob solche Unanehmlichkeiten von geheimdienstlicher Seite aufgrund politischer Denunziatio-

---

[229] O. M. Graf: *Reden und Aufsätze aus dem Exil*, S. 151.
[230] Graf an Feuchtwanger, New York 14.5.1958. In: Lion Feuchtwanger: *Briefwechsel mit Freunden 1933–1958*, Band I, (Hg.) Harold von Hofe und Sigrid Washburn. Berlin und Weimar 1991, S. 425. – Willi Schlamm war 1938 nach New York gekommen und seit 1939 ein Mitarbeiter der *Deutschen Volkszeitung*. – Die erwähnte Broschüre ist ein Heft der Zeitschrift *Gegen den Strom*, Herausgeber Robert Bek-gran, 2. Jg., New York. Oct.-Nov., 1939, No. 11–12. Das Heft enthält die Beiträge von Willi Schlamm: *Adolf Judas Stalin*; Dr. Rudolf Brandl: *Der »Kulturverband« und seine Sippe*. (Diese bösartige Polemik gegen den Deutschamerikanischen Kulturverband enthält den Abschnitt »Der Herr Graf und seine GAWA«, S. 12f.).
[231] Vgl. dazu auch Alexander Stephan: *Im Visier des FBI*, S. 325ff.

nen tatsächlich schon so früh einsetzten, ist fraglich.[232] Unzweifelhaft aber waren die Polemiken und vor allem die genannte Broschüre dem öffentlichen Erscheinungsbild des Verbandes und dem Ruf seiner Repräsentanten sehr abträglich, ganz abgesehen davon, dass die Kampagne natürlich eine beträchtliche Verunsicherung in die Mitgliedschaft getragen hatte. Doch auch ohne solche boshaften Polemiken bot die historische Realität genügend Anlässe zu Zerwürfnissen. Eigentlich war es nur eine Frage der Zeit, dass die internen Gegensätze und politischen Divergenzen neu ausbrechen mussten.

Als Symptom dafür können briefliche Äußerungen Erika Manns vom November 1939 gelten. Sie werde – schreibt sie an ihre Mutter – eine Rede über »Deutschland und Rußland« ausarbeiten, weil die »kommunistische Hitler-Friedenspropaganda (...) *bei weitem* zu *ekelhaft* und, zumindest was Frankreich angeht, *bei weitem* zu *gefährlich*« sei, um nicht dagegen aufzutreten. Und ironisch fügt sie hinzu: »... ich bin mit dem Kapital, sowie mit der Reaktion im Bunde und will, dass Hitler fein säuberlich *besiegt* werde, *ohne* dass deshalb in ganz Europa der National-Bolschewismus ausbricht.« Diesen Standpunkt verteidigt sie auch gegenüber dem ihr befreundeten Berthold Viertel mit Vehemenz. Sie begreife seine Einwände und Bedenken, schreibt sie am 22.11.1939 an Viertel, und glaube ihm sogar seinen »Pazifismus a tout prix« – nicht aber den der Stalinisten. In Amerika spreche sie nicht für den Krieg, ja sie hasse sogar die »Völkerverderber« in Frankreich und England – doch nachdem friedliche Mittel ohne Erfolg waren, müsse nun gegen die »Weltpest«, gegen Hitler und seine Vasallen, gekämpft werden. Der Krieg hätte vermieden werden können, meint sie, und noch die Entschlossenheit der französischen Arbeiterschaft, den Feind von außen zu vernichten, hätte auch die »verfaulten Onkels vom Quai d'Orsay« besiegt. Doch die Arbeiter-Appelle zum Hitler-Frieden, die auf Weisung Stalins verkündet wurden, hätten diesen Herren die Waffen in die Hand gegeben. Um eines »menschenwürdigen Friedens« willen – argumentiert Erika Mann – müsse der Krieg geführt werden. Würde er jetzt abge-

---

[232] Erika Mann an Katja Mann 17.11.1939. In: Erika Mann: *Briefe und Antworten*, S. 144.

brochen, auf russische Veranlassung hin sabotiert, bevor Nazi-Deutschland erledigt sei, stehe in einem neuen Krieg ein Tod bevor, der schlimmer sei als der physische.[233]

Das war – mag man diesen Argumenten im Einzelnen zustimmen oder nicht – im Geist eines militanten Humanismus gedacht, wie ihn ihr Vater Thomas Mann seit Jahren vertreten hatte und in seiner Schrift *Dieser Krieg* (1940) nachdrücklich bekräftigte. »Der gottverlassen-anachronistische Gewaltgeist der deutschen Machthaber«, schreibt er darin, müsse »geschlagen werden, – was leider praktisch heißt, dass Deutschland geschlagen werden muss; denn jammervolle Tatsache ist es nun einmal, dass das deutsche Volk für diese Machthaber einsteht, dass es – im Kriege noch entschiedener als vorher – ihre Sache, die doch längst so ganz allein ihre Sache ist, glaubt zur seinen machen zu müssen und seit sechseinhalb Jahren seine ganze Tüchtigkeit, Kraft, Geduld, Disziplin, Opferwilligkeit ihrem wüsten Dilettantismus zur Verfügung stellt.«[234] Diese Schrift trug einen programmatischen Charakter und sollte wohl – unter anderem – auch beitragen, die von Schwarzschild forcierte falsche Frontenbildung zu überwinden. Deshalb nahm Thomas Mann auch Kontakt mit Gerhart Seger auf und regte eine Aussprache des Vorstands der GAWA mit ihm an, um die Konflikte beizulegen. Tatsächlich fand eine solche Aussprache mit Seger in der Wohnung des Vizepräsidenten Bruno Frank in Anwesenheit von Curt Riess, Manfred George und Ferdinand Bruckner statt. Man einigte sich darauf, einen Artikel von Riess und George über die Arbeit des Verbandes zu bringen, in dem auch die Verleumdungen zurückgewiesen wurden. Der Text wurde von Thomas Mann und Bruno Frank ausdrücklich gebilligt, doch Seger verweigerte diesmal den Abdruck, und der Vorstand erklärte nach dieser Brüskierung die Angelegenheit für abgeschlossen.[235]

---

[233] Erika Mann an Berthold Viertel 22.11.1939. In: Erika Mann: *Briefe und Antworten*, S. 145ff.

[234] Thomas Mann: *Essays*, Band 5: Deutschland und die Deutschen 1938–1945, (Hg.) Hermann Kurzke und Stephan Stachorski. Frankfurt a. M 1996, S. 84.

[235] O. M. Graf: *Reden und Aufsätze aus dem Exil*, S. 143. – Da ein Gespräch Gerhart Segers mit Thomas Mann am l. Dezember 1939 vorangegangen war, wird diese Begegnung wohl noch vor Jahresende stattgefunden

Sie war es natürlich nicht, die verbandsinternen Auseinandersetzungen vom Oktober und November blieben virulent und verschärften sich nach Beginn des Winterkrieges zwischen der Sowjetunion und Finnland sogar wieder.

Im Tagebuch Klaus Manns findet sich eine Niederschrift vom 9. Januar 1940, in der von einer zähen und ergebnislosen Sitzung des Schutzverbandes bei Curt Riess, dem Generalsekretär, die Rede ist. Debattiert wurde über den »Fall G. Seger«[236], was sich wohl auf die genannte Aussprache bezieht. Der Tagebuchschreiber konstatiert ein »peinliches, heuchlerisches aneinander-vorbei-Reden« der »comrades« (d. h. Kommunisten. D. S.) Bloch, Graf und Herzfelde auf der einen, Bruno Frank, Bruckner, Gumpert, Tillich etc. auf der anderen Seite. Klaus Mann selbst entschloss sich schließlich zu einem »offenen Wort«, das die Dinge auf den Punkt bringen sollte: »Es ist schwer, Volksfront zu spielen, wenn eine Volksfront nicht mehr existiert.«[237] Gesprochen wurde also auf dieser Sitzung vom Ende des Antifaschismus der Vorkriegszeit und vom zerrütteten Verhältnis zu den Kommunisten und zur Sowjetunion. Dabei ist charakteristisch, dass Klaus Mann den linken Sozialisten Graf hier – wider besseres Wissen – zu den Kommunisten rechnet. Letzten Endes gehörte er selbst also auch zu den Aneinander-Vorbei-Rednern, offenbar ohne es sich einzugestehen.

In dieser Endphase des Schutzverbandes wird erkennbar, dass seine Liquidierung letztlich nicht von den öffentlichen Provokateuren des Herbst 1939 herbeigeführt worden ist, sondern von einer Gruppe um Klaus Mann und Curt Riess, denen die Gemeinschaft mit Graf und den Kommunisten wohl lästig geworden ist. Das klingt etwas verwunderlich, weil beide sich im ersten Halbjahr 1940 noch aktiv an der Arbeit des Verbandes beteiligt haben, aber es ist so. Dabei mögen sie zunächst noch auf eine Klärung gesetzt haben, ohne den Verband zerstören zu wollen – die mir bekannten Quellen lassen da kein schlüssiges Urteil zu. Oskar Maria Graf und die Seinen waren jedenfalls seit Jahresbeginn sichtlich in die Defensive gedrängt worden.

---

haben. Vgl. Thomas Mann: *Tagebücher 1937–1939*, S. 506.
[236] Klaus Mann: *Tagebücher 1940–1943*, S. 11.
[237] Klaus Mann: *Tagebücher 1940–1943*, S. 10f.

Denn ihr Bestreben war ganz und gar auf das Weiterbestehen und den Ausbau des Verbandes gerichtet, sie wollten seinen Ruf und seine Wirksamkeit in der Öffentlichkeit verteidigen und stärken und ihn zu einem Glied innerhalb eines zu schaffenden engen Verbunds von freiheitlichen deutschen Vereinigungen in den Vereinigten Staaten machen.

Auf dieses Ziel ist Grafs Rechenschaftsbericht an die Mitgliederversammlung vom 2. Mai 1940 in New York gerichtet. Mit ihm hoffte der Vorsitzende offensichtlich, die Initiative zurückzugewinnen und den drohenden Zerfall des Verbandes zu verhindern. Deshalb besteht er sehr nachdrücklich darauf, dass die Beschlüsse der letzten Generalversammlung gültig seien. Sehr zurückhaltend spricht er vom gescheiterten Versuch einiger parteipolitisch eingestellten Opponenten, eine der Tagespolitik angepasste Statutenänderung zu erzwingen und die bei Kriegsbeginn veröffentlichte Erklärung durch eine andere zu ersetzen. Damit aber hätten sie den Zweck des Verbandes verkannt, ihn mit einer politischen Partei verwechselt. Dem Verband gehe es darum, die deutschen freiheitlichen Intellektuellen unter einem Generalnenner zu einigen, und durch ihn – ohne seine engere Zweckbestimmung aufzugeben – ein festes geistiges Zentrum in Amerika zu schaffen.[238]

Deshalb – betont Graf – habe man sich »trotz aller lächerlichen und würdelosen Verdächtigungen« durch die ausgetretenen Mitglieder um einen Ausgleich mit Seger bemüht. Doch behandelt er diese bittere Episode als Vergangenheit, erzählt die Geschichte der GAWA als eine Erfolgsgeschichte und entwirft – davon ausgehend – eine geradezu utopische Zukunft. Der Verband habe seit der letzten Generalversammlung an Mitgliederzahl,[239] Aktivität und Ansehen in der amerikanischen Öffentlichkeit gewonnen. Nun brauche es ein verstärktes praktisches Engagement der Mitglieder und die Nutzung aller Möglichkeiten, die ein solcher Zweckverband der deutschen Schriftsteller in den Vereinigten

---

[238] O. M. Graf: *Rede an die Mitgliederversammlung der GAWA*. In: O. M. Graf: *Reden und Aufsätze aus dem Exil*, S. 141f.
[239] Zur Mitgliederversammlung der GAWA vom 2.5.1940 lag ein »Mitgliederverzeichnis Stand vom 1. Mai 1940« vor, das namentlich 173 Mitglieder aufführte. Stiftung Archiv der Akademie der Künste, Ferdinand Bruckner Archiv.

Staaten habe. Niemand – mahnt er seine Kollegen – habe hier auf sie gewartet, und die meisten von ihnen seien nur »stümperhafte Anfänger«, solange sie sich amerikanisieren wollen. Der Versuch, sich der amerikanischen Mentalität anzupassen und für die hiesigen Magazine zu schreiben, ende oft in herben Enttäuschungen. Alles sehe danach aus, dass die Emigranten zu Schubladenschriftstellern werden und statt dessen jene, die unter Hitler kriechen und schreiben, bald als die deutsche Literatur der Gegenwart gelten können. Aufgabe der freiheitlichen deutschen Schriftsteller sei deshalb vor allem, sich als »deutsche Literatur« zu behaupten.

Natürlich wusste Graf, dass dazu eine öffentliche Resonanz nötig sei, die gegenwärtig noch fehle. Langsam und geduldig müsse der Verband den Stamm deutscher Literaturfreunde in den Vereinigten Staaten um sich sammeln und ein Publikum für die Bücher seiner Mitglieder gewinnen. Deshalb waren für Graf die Radiosendungen so wichtig, aber er glaubt auch, mit Kalendern und Jahrbüchern der GAWA Wirkung tun zu können. Um das politische Bekenntnis gegen Hitler hervorzuheben, markiert Graf aber auch ein Feld, auf dem die kleine GAWA in Amerika einen siegreichen Krieg gegen die undeutsche Naziliteratur führen könne – wenn ihr die Möglichkeit dazu gegeben werde. Es klingt absurd, aber Graf schlug ernsthaft vor, die Regierung der USA möge der GAWA ein Prüfungsrecht für alle deutschsprachigen Veröffentlichungen zu übertragen, sie sozusagen zu einer Zensurbehörde zur Abwehr geistiger Beeinflussung durch den Nazismus zu machen.[240] Man muss das wohl in der Sache so verstehen, dass Graf damit unmissverständlich klar machen wollte, dass ein Verständnis der GAWA als Zweckverband keinesfalls politische Neutralität bedeute, sondern entschiedene Gegnerschaft gegen Hitler. Dass er mit der Forderung nach Zensur das amerikanische Freiheitsdenken in Frage stellte, bedachte er wohl nicht.

An den Schluss seiner allzu euphorisch gehaltenen Rede stellt Graf einige prinzipielle Worte über seine persönliche Überzeugung als Gegner des Gewaltregimes in Deutschland. Er wendet sich gegen einen allgemeinen Deutschenhass und betont, Hitler und das deutsche Volk seien nicht gleichzusetzen. Nach dem

---

[240] O. M. Graf: *Reden und Aufsätze aus dem Exil*, S. 146.

Kriege werde ein neues Europa Gestalt annehmen, und damit werde es das gewohnte Deutschland nicht mehr geben – wie alle anderen europäischen Staaten auch. Das »Deutsche« aber werde »unvergänglich bleiben mit allem Großen, das eine Kultur aufzuweisen hat«, und werde »mit den anderen Kulturen eingehen in die Weltliteratur«.[241] Man sollte meinen, dass er damit einen konsensfähigen Gedanken akzentuiert hätte. Tatsächlich aber war eine solche Betonung nationaler Aspekte damals nicht jedermanns Sache. Die Idee eines »anderen Deutschland« hatte nicht gerade Konjunktur. Klaus Mann, der eben noch zusammen mit seiner Schwester Erika ein Buch mit dem Titel *The Other Germany* geschrieben hatte, neigte nach dem Beginn des Krieges immer mehr zu der Ansicht, ein solch anderes Deutschland gebe es nicht mehr. Er hatte sich längst entschieden, europäisches Erbe in der literarischen Öffentlichkeit Amerikas wirksam zu machen und darum auch den Sprachwechsel zu wagen.[242] Als deutscher Schriftsteller sah er sich immer weniger, und das heißt, dass ihm die so nachdrücklich vorgetragene programmatische Orientierung Oskar Maria Grafs auf die deutsche Sprache suspekt erscheinen musste. Damit aber stand er nicht allein. Die literaturpolitische Strategie, die Präsident Graf im Schutzverband verfolgte, deckte offenkundig die Interessenrichtungen unter den exilierten deutschen Schriftstellern nicht mehr ab – auch was die Vereinigung exilierter Schriftsteller in einem Fachverband anging.

Doch mit dem Angriff der deutschen Wehrmacht auf Frankreich, die Niederlande und Belgien am 10. Mai 1940 gewannen auch die fortbestehenden politischen Gegensätze im Verband neue Brisanz. Auf dem Hintergrund der amerikanischen Debatten um den Isolationismus brachen die alten Fronten in einer neuen personellen Konstellation auf. Schon acht Tage nach der Generalversammlung erwies sich Grafs Versuch, der Verbandsarbeit eine weite Perspektive zu eröffnen, als gescheitert. In seiner Autobiografie *Der Wendepunkt* beschreibt Klaus Mann, wie sich ihm die Situation in der German-American Writers

---

[241] O. M. Graf: *Reden und Aufsätze aus dem Exil*, S. 153.
[242] Vgl. dazu Dieter Schiller: »*Ich bin keine Agent der Sowjetunion*«, S. 42ff.

Association darstellte. Er habe sich – heißt es da – mit der Mehrzahl der Mitglieder im Vorstand kaum noch zu verständigen gewusst. »Manche scheinen den Krieg als eine Art von imperialistischkapitalistischer Verschwörung aufzufassen, eine Ansicht, die gerade in linksradikalen Kreisen recht verbreitet ist. Dort würde man sich für den Kampf gegen Hitler wohl nur interessieren, wenn die Sowjetunion involviert wäre. Solange Moskau und Berlin sich vertragen, finden die Kommunisten das demokratische England *mindestens ebenso schlimm* wie das faschistische Deutschland. Wie soll man da diskutieren?«[243]242 Er und seine Freunde waren offenbar nicht mehr bereit dazu.

Mit Datum vom 27. Mai 1940 schickt Klaus Mann den »Abschiedsbrief an den doch-wohl-untragbar gewordenen Verband« an Thomas Mann,[244] um sein Einverständnis zu erbitten. Darin hieß es, eine Vereinigung exilierter deutscher Autoren als »unpolitische Berufsorganisation« sei nach dem Ausbruch des Zweiten Weltkrieges nicht mehr möglich. Ohne ein präzises politisches und kulturpolitisches Programm trage jede Organisation von Deutschen in einem von den Deutschen bedrohten Land einen provokanten Charakter. An einer »Selbstbeschränkung auf die ›unpolitische Sphäre‹« festzuhalten, bedeute nichts anderes, als dass »die notwendige Übereinstimmung in den moralisch-politischen Grundsätzen und Zielen« in diesem Kreis noch nicht oder nicht mehr vorhanden ist«.[245] Sein Plan war, eine repräsentative Gruppe von Unterzeichnern zu gewinnen – außer den Manns war an Gurt Ries, Martin Gumpert, Raoul Auernheimer, Ferdinand Bruckner, Carl Zuckmayer, Vicky Baum, Bruno Frank und Karl August Wittfogel gedacht – und gemeinsam den Austritt zu erklären. Das, meint Klaus Mann, sei die humanste, weil nicht denunziatorische Art zu handeln, denn sie liefere die Kommunisten nicht direkt ans Messer.[246] Diesen Aspekt betont

---

[243] Klaus Mann: *Der Wendepunkt. Ein Lebensbericht*, Hamburg 1984, S. 556.

[244] Klaus Mann an Thomas Mann 27.5.1940. In: Klaus Mann: *Briefe und Antworten*, S, 417.

[245] An den Vorstand der »German American Writers Associaticn« (Mai 1940). In: Klaus Mann: *Briefe und Antworten*, S. 418.

[246] Klaus Mann: *Der Wendepunkt*. S. 556f. – Hier ist der Brief fälschlicherweise auf den 28.6.1940 datiert.

er auch in einem Brief an Bruno Frank. Die Association werde in ihrer gegenwärtigen Zusammensetzung immer mehr zur untragbaren Peinlichkeit und könne sogar gefährlich werden. Doch komme es einer Denunziation gleich, die Kommunisten auszuschließen, und davor habe er als alter Liberaler Hemmungen. Ein Austritt tue am wenigsten weh.[247] Wie es scheint, plädierte Frank dagegen auf Auflösung des Verbandes, und auch Thomas Manns kam zu dem gleichen Ergebnis[248] und hat, wie einer Notiz im Tagebuch zu entnehmen ist, schon am 1. Juni 1940 mit Klaus und Erika Mann über den Plan einer Auflösung des Schutzverbandes diskutiert.[249] Dass es auch beträchtliche Widerstände gab, belegt eine Tagebuchnotiz Klaus Manns über ein Gespräch mit Berthold Viertel,[250] und es liegt auf der Hand, dass auch Oskar Maria Graf sich sträubte und seinen Rücktritt anbot, um den Verband zu erhalten.[251] Nach einer Vorbesprechung des engeren Vorstands am 5. Juni kam der erweiterte Vorstand am 13. Juni zu einer »ziemlich quälende(n)« Sitzung bei Riess zusammen und beschloss, den Verband aufzulösen.[252]

Graf nahm an dieser Sitzung nicht teil. In seinem Brief an Bruno Frank hatte Klaus Mann – freilich in einem unangenehm herablassenden Ton – berichtet, Graf verhalte sich »ganz brav und rührend in der ganzen Affäre«. Man könne ihm glauben, dass »er an seinem deutschen Verein ganz innig-sentimental und ohne tückische Hintergedanken sehr hängt«.[253] Wie es scheint, hat den Schreiber hier im Gefühl der Erleichterung, die Sache zu Ende gebracht zu haben, sein psychologischer Spürsinn kläglich

---

[247] Klaus Mann an Bruno Frank 30.5.1940. In: Klaus Mann: *Briefe und Antworten*, S. 419.
[248] Klaus Mann an Bruno Frank 5.6.1940. In: Klaus Mann: *Briefe und Antworten*, S. 420.
[249] Thomas Mann: *Tagebücher 1940–1943*, S. 88 (1.6.1940). –Vorangegangen waren Gespräche mit Klaus und Erika Mann sowie mit Curt Riess in Sachen des Schutzverbandes am 27.10.1939. Thomas Mann: *Tagebücher 1937–1939*, S. 494.
[250] Klaus Mann: *Tagebücher 1940–1943*, S. 42 (12.6.1940).
[251] Klaus Mann an Bruno Frank 5.6.1940. In: Klaus Mann: *Briefe und Antworten*, S. 420.
[252] Klaus Mann: *Tagebücher 1940–1943*, S. 43 (14.6.1940).
[253] Klaus Mann an Bruno Frank 5.6.1940. In: Klaus Mann: *Briefe und Antworten*, S. 420.

verlassen – vielleicht hatte er aber auch nur ein bisschen schlechtes Gewissen. Denn Graf – da hatte Klaus Mann Recht – hielt die Auflösung des Verbandes für »Verrat am Vaterland«, und das ganz unmetaphorisch. Von Bravheit kann aber keinesfalls die Rede sein, sondern vielmehr von Bitterkeit und Zorn gegenüber der Verschwörung seiner Gegner. Seinem Herzen hat er in einem Brief an den engeren Vorstand der GAWA vom 10. Juni Luft gemacht, einem Brief, den er dann doch nicht abgeschickt hat.[254] Das Schreiben richtet sich gegen den Kreis um Thomas Mann, vor allem aber gegen Thomas Mann selbst, den er – ganz sicher zu Unrecht – als die treibende Kraft der Aktion zur Auflösung der GAWA betrachtete. Grafs Polemik ist maßlos und ungerecht, sie spricht Thomas Mann und den Seinen das Recht ab, als freiheitliche Schriftsteller aufzutreten. Eine blinde Welt feiere Thomas Mann als deutschen Patrioten, schreibt Graf, mit dem deutschen Volk aber verbinde ihn außer der Kultur einer Oberschicht und der gleichen Sprache nur ein gleichsam zuschauendes, psychologisches Interesse. Während andere das Deutschland Hitlers verließen, habe er sich erst gegen Hitlers Tyrannei gewandt, als die Leserschaft im Dritten Reich aus dem Bereich der literarischen Konjunkturmöglichkeit geschwunden war. Nun aber wolle er mit einer kleinen Gruppe seine Kollegen im Verband deutscher antifaschistischer Schriftsteller reglementieren. Der Weltberühmte, der den Deutschen die Fähigkeit zur Demokratie abgesprochen habe, der geschwiegen habe, als die deutschen Arbeiter niederkartätscht worden seien und Eisner, Landauer, Liebknecht und Luxemburg den Opfertod für die deutsche Freiheit gestorben seien, der den Leiden der Volksmassen immer fern gestanden habe, verlange nun, die Deutschen müssten für die Schandtaten ihrer Machthaber ein für allemal gezüchtigt werden. Einem solchen Wegweiser könne man nicht mehr vertrauen.[255]

Graf arbeitet hier jahrelange Frustrationen ab, Frustrationen die weit in die Jahre der Weimarer Republik hineinreichen. Sein Blick von unten trifft wunde Punkte des Mannes, der weltweit als Repräsentant deutscher Kultur und Geistigkeit anerkannt

---

[254] O. M. Graf: *An den Vorstand der GAWA*, Yadoo 10.6.1940. In: O. M. Graf: *Briefe*, S. 146ff.
[255] O. M. Graf: *Briefe*, S. 146–150.

war. In der rigorosen Einseitigkeit, der abschätzigen Häme von Grafs Charakteristik Thomas Manns offenbart sich eine tiefe Verletztheit Grafs durch das Scheitern seines Projekts, dem er während fast zweier Jahre seine ganze Kraft gewidmet hatte. Er rennt verzweifelt an gegen die Einsicht, dass seine euphorische Hoffnung, ein »geistiges Zentrum« schaffen zu können, zunichte gemacht worden war. Erbittert war er, dass die »Thomas Mann-Gruppe«, die im Herbst von der GAWA größte politische Zurückhaltung gegenüber den Angreifern verlangt hatte, nun unter Androhung ihres Austritts forderte, den Verband entweder aufzulösen oder sich eindeutig auf die Seite Frankreichs und Englands zu stellen. Für Graf war das ein nicht erfüllbares Verlangen, denn er wollte sich als ein freiheitlicher deutscher Schriftsteller »niemals einer Tyrannei beugen«, sich nicht von seinem Volk trennen lassen, von den Millionen, die – nach seiner Überzeugung – in der Heimat »nicht weniger leiden als wir«. Nur so könne dieses Volk »endlich wieder Vertrauen zu seinen Geistigen« gewinnen. Es braucht heute keine Erörterung, dass da viel Illusion im Spiel war, viel Wunschdenken. Aber hierauf gründete sich nun einmal seine Gewissheit, auf dem rechten Wege zu sein. Die politische Forderung seiner Kontrahenten bedeutete für Graf in dieser Situation, sich fremden Interessen zu unterstellen, seine »innere Unabhängigkeit und seinen Kampf für die Befreiung des deutschen Volkes« zu verleugnen.[256] In dieser Haltung glaubte er sich mit vielen Mitgliedern des Verbandes einig, war aber realistisch genug zu begreifen, dass die Gruppe um Thomas Mann, Klaus Mann, Erika Mann, Hermann Kesten, Martin Gumpert und Kurt Riess durchaus die Macht besaß, die German-American Writers Association zu zerstören. Denn eine repräsentative SchriftstellerOrganisation gegen Thomas Mann und die Seinen am Leben zu halten, war ein Ding der Unmöglichkeit.

Die Resolution, mit der die Auflösung der GAWA herbeigeführt worden war,[257] fand keine ungeteilte Zustimmung unter den Mitgliedern. Ein charakteristisches Beispiel dafür ist überliefert im Brief von Rolf Nürnberg an Curt Riess vom 10. Juli 1940.

---

[256] O. M. Graf: *Briefe*, S. 151.
[257] Den Wortlaut dieser Resolution konnte ich bisher nicht auffinden.

Nürnberg, ehemals Chefredakteur des Berliner *12-Uhr-Blatt* und Sportreporter, war 1936 in die USA emigriert und lebte in Hollywood als Journalist. Sein Brief ist die Antwort des erkrankten Verfassers auf die telegrafische Aufforderung von Curt Riess, dem Sekretär der GAWA, die Resolution zur Auflösung zu unterschreiben. Nürnberg lehnt das ab und begründet seine Haltung nun ausführlich. Ziemlich unverblümt geht er davon aus, nicht Thomas Mann sei das Zentrum der Aktion, sondern der Freundeskreis, der ihn zur Unterschrift veranlasst habe. Es passe ihm nicht, Hals über Kopf zur Entscheidung gedrängt zu werden, ohne ihre Voraussetzungen gründlich erwägen zu können. In der Resolution – schreibt er – werde behauptet, die Fiktion eines Anti-Hitler-Deutschland sei nicht mehr aufrecht zu erhalten. Doch hätten auch einige der Unterschreiber bis vor kurzem den Unterschied zwischen Hitler und jenen Deutschen stark betont, die ihm nur widerwillig folgten. Von Widerrufen und ihrer öffentlichen Begründung aber sei ihm nichts bekannt.

Zum politischen Kern dringt er in seiner nächsten Überlegung vor. Riess hatte im Begleitbrief seinen – von Thomas und Erika Mann geteilten – Standpunkt bekräftigt, die Unterschreiber wollten nicht mehr mit Leuten in einem Verband sitzen, die einer Partei verbunden sind, die alles tue, um Hitler zum Sieg zu verhelfen. Damit war natürlich die Kommunistische Partei gemeint, der – wie Nürnberg ironisch anmerkt – Riess bis zu Münzenbergs Ausscheiden wesentlich näher gestanden habe als er selbst. Einen Zweifel, dass er Russlands gegenwärtige Handlungen verurteile, lässt Nürnberg nicht, und er gesteht jedem das Recht zu, aus einem Verein auszutreten, dessen Mitglieder diese Handlungen verteidigen. Allerdings, meint er, müsse, wer Unterschriften gegen Russland verlangte, sich auch gegen Daladiers Frankreich empören und Unterschriften gegen die dortigen Deportationen sammeln. Das war offensichtlich ein Hieb gegen einen Brief, den Riess als Nationalsekretär der GAWA »ohne vorherige Verabredung an die *New York Times* bezüglich der in Frankreich Inhaftierten veröffentlicht« hatte.[258] Nürnberg bekennt sich eindeutig zur Regierungsform der Vereinigten Staaten und gegen die sowjetrussische, wendet sich jedoch auch gegen

---

[258] Vgl. O. M. Graf: *Reden und Aufsäze aus dem Exil*, S. 149.

jede politische Hysterie. Ein Blick in die geschichtlichen Akten verrate, dass Russland mit all seinen Fehlern bis zum Herbst 1938 versucht habe, Hitler zur Niederlage zu verhelfen. Erst, nachdem man es in München als Großmacht auszuschalten versuchte, habe Russland die nun mit Recht angegriffenen Schritte getan, welche zum Vertrag mit Deutschland, zu dem grässlichen Überfall auf Finnland und auch zur Auflösung der GAWA führten. Ob Russland – meint Nürnberg – mit all diesen Schritten so viel zu den bisherigen Siegen Hitlers beigetragen habe, wie Riess meine, könne er nicht beurteilen. Nur verstehe er nicht, warum man sich in den Kreisen um Riess auf der einen Seite so scharf, auf der andern so zurückhaltend verhalte.[259]

Offenbar hat Nürnberg seinen Brief auch Manfred George zugänglich gemacht. Der schickte ihn zur Information an Oskar Maria Graf mit der handschriftlichen Bemerkung: »Dies ist der Brief von Nürnberg auf die damalige Aufforderung, das Auflösungs-Ultimatum zu unterschreiben.«[260] Für Graf mag es eine Genugtuung gewesen sein, solche Worte zu lesen. Doch die Akten der GAWA waren für ihn geschlossen. Einen Versuch Walter Schönstedts, ihn für eine neue GAWA zu gewinnen, lehnt er ab. Er habe keine Lust mehr, schrieb er unwirsch in seiner Antwort, mit einem Mann zusammenzuarbeiten, der zuvor gerade diejenigen herangezogen habe, die dann den Verband unterwühlten.[261] Graf war entschlossen, sich künftig aus solchen Unternehmungen herauszuhalten. Seine letzte – nun schon nicht mehr amtliche – Handlung in Sachen der GAWA war es, dafür zu sorgen, dass die paar Dollar, die bei der Auflösung übrig geblieben waren, notleidenden Kollegen zugutekamen, oder auch solchen, die aus dem besiegten Frankreich hatten fliehen können.[262]

---

[259] Rolf Nürnberg an Curt Riess 10. Juli 1940. IfZ Dortmund GAWA II AK 2003/75-50.
[260] Ebenda.
[261] O. M. Graf an Wieland Herzfelde, Yaddo, ca. 15.7.1940. In: O. M. Graf: *Briefe*, S. 152.
[262] O. M. Graf an Manfred George 12.10.1940. In: O. M. Graf, *Briefe*, S. 154.

## Danksagung

Ich danke Herrn Dr. Dittmann, Vorsitzender der Oskar-Maria-Graf-Gesellschaft, der mich freundlicherweise über Archivmaterialien zur GAWA informierte, und der Bayerischen Staatsbibliothek, München (BSB München), für Kopien aus dem Nachlass O. M. Grafs. Für die Unterstützung meiner Arbeit danke ich darüber hinaus dem Institut für Zeitungsforschung in Dortmund (IfZ Dortmund), dem Deutschen Literaturarchiv in Marbach (DLA Marbach), dem Deutschen Exilarchiv 1933–1945 der Deutschen Bibliothek in Frankfurt am Main (DEA Frankfurt), der Monacensia/Literaturarchiv und Bibliothek, München (Monacensia), der Stiftung Archiv der Akademie der Künste, Berlin, dem Archiv des Instituts für Weltliteratur der Russischen Akademie der Wissenschaften, Moskau (IMLI Moskau) sowie dem Russischen Staatlichen Archiv für Literatur und Kunst, Moskau, (RGALI Moskau).

2.11.2009

# Elisabeth Tworek
# Das Ende einer Dichterfreundschaft
Ödön von Horváth und Oskar Maria Graf

Die Schriftsteller Ödön von Horváth (1901–1938) und Oskar Maria Graf (1894–1967) haben in ihrer Literatur das Bild von Bayern am Vorabend des Nationalsozialismus geprägt. Der eine war ein Geschichtenerzähler, der andere ein Bühnenautor. Der eine war ein Bayer vom Starnberger See, der andere ein Ungar deutscher Sprache. Ihre Erzählungen, Romane und Theaterstücke erzählen viel über die Atmosphäre in Bayern, kurz bevor Adolf Hitler an die Macht kam. Von der Not, dem Elend und der Krisenstimmung auf den Straßen, aber auch von den Sehnsüchten, Ängsten und Hoffnungen der Menschen damals. Geradezu visionär sahen beide voraus, wie aus engstirnigen Kleinbürgern fanatisierte Mitläufer werden können, wenn die Arbeitslosigkeit hoch und eine Aussicht auf Besserung nicht in Sicht ist. Als Experten des subjektiven Erlebens und der unmittelbaren Wahrnehmung haben Graf und Horváth einzigartige Momentaufnahmen vom Zusammenleben der Menschen auf dem Dorf, in der Kleinstadt und in der Residenzstadt München geschaffen, bevor die Gleichmacherei der Nationalsozialisten die kulturelle Vielfalt einebnete und von Bayern nur wenige Klischees übrig ließ.

Nur wenigen ist allerdings bekannt, dass die beiden Schriftsteller sich gut kannten und zwischen 1925 und 1933 ein Stück des Weges miteinander gingen. Gemeinsam kämpften sie in Aktionsbündnissen für mehr Demokratie und gegen die rechtsextreme Gefahr. Doch dann zerbrach ihre Freundschaft ausgerechnet an der unterschiedlichen Haltung gegenüber den nationalsozialistischen Machthabern. Wie sich Oskar Maria Graf und Ödön von Horváth kennen lernten, wo ihre Wurzeln lagen, was sie verband und was sie letztendlich auseinander brachte, davon mehr in diesem Beitrag.

### Die unterschiedliche Herkunft

Die Herkunft der beiden Schriftsteller hätte unterschiedlicher nicht sein können. Ödön von Horváth, 1901 in Fiume, dem heutigen Rijeka geboren, war Diplomatensohn aus wohlhabendem Hause und zusammen mit seinem Bruder Lajos in den mitteleuropäischen Metropolen Belgrad, Budapest, München, Pressburg aufgewachsen. Seine Schulzeit an diversen Privatschulen und Gymnasien schloss Horváth mit der Matura in Wien ab. Für die damalige Zeit war er weit herumgekommen, sprach neben seiner Muttersprache Deutsch fließend Ungarisch, Serbokroatisch und wohl Italienisch. Oskar Maria Graf hingegen wurde als neuntes von elf Kindern des Bäckermeisters Max Graf 1894 in der Ortschaft Berg am Starnberger See geboren und war sieben Jahre jünger. Im Nachbardorf Aufkirchen besuchte Graf die Volksschule und absolvierte im elterlichen Betrieb eine Bäckerlehre. Als Graf zehn Jahre alt war, starb der Vater. Der älteste Bruder Max übernahm das Regiment im Haus. Er missbrauchte die Geschwister als billige Arbeitskräfte. Trotz der harten Arbeit fand Oskar Maria Graf Zeit zum Tüfteln und Lesen. Er bastelte an Erfindungen, las veterinärmedizinische Fachliteratur, verfasste kleine Gedichte und verschlang wahllos Klassiker der Literatur. Wie überhaupt die Literatur in seiner bedrückenden Jungend Fluchtpunkt und Therapie wurde. Mit siebzehn Jahren floh Graf vor der brutalen Herrschaft seines Bruders nach München, um Dichter zu werden. Dort schlug er sich als Bäckergeselle, Postaushelfer, Müller und Liftboy durch und kam mit den anarchistischen Kreisen um Erich Mühsam und Gustav Landauer in Kontakt. Zum Beginn des Ersten Weltkrieges wurde er als Soldat eingezogen, verweigerte aber schon bald den Befehl und trat in den Hungerstreik. Im Dezember 1916 wurde er als »dienstunbrauchbar« aus dem Militär entlassen. Anschließend beteiligte er sich 1917 am Munitionsarbeiterstreik, nahm 1919 an der Räterepublik teil, wurde nach deren blutiger Niederschlagung 12 Tage inhaftiert und im Mai 1919 aus der Haft entlassen. 1920 trat er eine Stelle als Dramaturg am Münchner Arbeitertheater »Neue Bühne« an. Als die Bühne nach 14 Monaten schließen musste, verlegte sich Graf ganz auf das Erzählen von Geschichten und wurde Schriftsteller.

Zu dieser Zeit begann Ödön von Horváth sein Studium der

Germanistik, Theaterwissenschaften und Kunstgeschichte in München. Doch das Aneignen von Wissen war nie seine Sache gewesen. Horváth wollte etwas erleben, brach nach wenigen Semestern das Studium ab und wurde ebenfalls Schriftsteller. In seiner *Autobiographischen Notiz* gestand er, was die prägenden Erlebnisse seiner Jugend waren:

> »Als der sogenannte Weltkrieg ausbrach, war ich dreizehn Jahre alt. An die Zeit vor 1914 erinnere ich mich nur, wie an ein langweiliges Bilderbuch. Alle meine Kindheitserlebnisse habe ich im Krieg vergessen. Mein Leben beginnt mit einer Kriegserklärung…Wir, die wir zur großen Zeit in den Flegeljahren standen, waren wenig beliebt. Aus der Tatsache, dass unsere Väter im Felde fielen oder sich drückten, dass sie zu Krüppeln zerfetzt wurden oder wucherten, folgerte die öffentliche Meinung, wir Kriegslümmel würden Verbrecher werden. Wir hätten uns alle aufhängen dürfen, hätten wir nicht darauf gepfiffen, dass unsere Pubertät in den Weltkrieg fiel. Wir waren verroht, fühlten weder Mitleid noch Ehrfurcht. Wir hatten weder Sinn für Museen noch die Unsterblichkeit der Seele – und als die Erwachsenen zusammenbrachen, blieben wir unversehrt. In uns ist nichts zusammengebrochen, denn wir hatten nichts. Wir hatten bislang nur zur Kenntnis genommen.«[1]

## Der unterschiedliche Blick

Als Chronisten ihrer Zeit hatten Oskar Maria Graf und Ödön von Horváth eine große gemeinsame Leidenschaft. Sie suchten die Nähe zum einfachen Volk, zur großen Masse, die in einer Demokratie geschichtsbestimmend ist. Graf und Horváth trafen diese einfachen Leute in den Gastwirtschaften, Biergärten, Bierschwemmen und Cafés. Oder gingen bei Faschingsfesten, in der Starkbierzeit und auf dem Oktoberfest auf enge Tuchfühlung mit ihnen. Doch ihr Blickwinkel hätte unterschiedlicher nicht sein können. Ödön von Horváth diagnostizierte diese Menschen von außen. Er wollte herausbekommen, was sie bewegte, worüber sie sich freuten, was ihnen Sorgen bereitete und wie sie miteinander umgingen. In seinen Stücken gab er ihren anony-

---

[1] Ödön von Horváth: *Autobiografische Notiz*. In: Ödön von Horváth: *Sportmärchen. Gesammelte Werke 11*. Frankfurt am Main 1988, S. 183.

men Gesichtern eine Biografie von großer Allgemeingültigkeit. Er typisierte sie, ohne ihnen ihre eigene Identität zu nehmen. Zurückhaltend im Ton und vornehm im Auftreten, blieb Horváth dabei stets der neugierige, kaum tangierte Beobachter, dem das alles fremd war. Grete Fischer, seine Lektorin im Ullstein-Verlag, erinnert sich: »Horváth liebte die Menschen nicht, er sah sie... Seine Gegnerschaft richtete sich gegen den engherzigen, engstirnigen Philister, der an allem Verderb schuld ist, weil er nicht willentlich böse genug ist, um als Gefahr erkannt und bekämpft zu werden.«[2] Aus kühler Distanz sezierte Horváth mit dem Skalpell, was er sah. Die alten Werte waren mit dem Ende der Monarchie untergegangen und die neuen Werte der jungen Demokratie hatten sich noch nicht bewährt. Ein gefundenes Fressen für den »Oberplebejer« Adolf Hitler, wie Horváth ihn nannte, dem es gelang, all die Entwurzelten und Gedemütigten um sich zu scharen. Horváth richtete dabei sein Hauptaugenmerk auf die Vertreter der um 1900 Geborenen, die als Kinder den Krieg erlebt hatten. Es war seine eigene Generation.

Ganz anders Oskar Maria Graf. Er kannte die Menschen, über die er schrieb, von klein auf. Er hatte großen Respekt vor diesen einfachen Leuten, die mit ihrer Hände Arbeit die Welt in Gang hielten. Im Krieg mussten sie die Suppe auslöffeln, die ihnen die »Regierenden«, die Mächtigen, eingebrockt hatten. Es drängte Graf geradezu, ihre Geschichten ganz ohne Scheu zu erzählen. Denn es waren auch seine Geschichten. Tief verwurzelt in die bayerische Mentalität und eng vertraut mit dem bäuerlichen Leben auf dem Land, schrieb Oskar Maria Graf auf, was er mit ihnen erlebt hatte. Seine Sprache war plastisch, mit Dialektausdrücken durchsetzt und leicht verständlich. Das machte ihn »stammtischpopulär«. Sein Schriftstellerkollege Lion Feuchtwanger bewunderte ihn dafür:

> »Die oberbayrischen Menschen kenne ich sehr genau, und ich weiß also, wie sehr Oskar Maria Graf zu ihnen gehört, wie typisch seine Form ihrem Inhalt entspricht. Es sind das Menschen von unbestreitbarem Sinn für die Realität, unsentimental und unbeirrbar durch Phrasen... Unsentimental wie seine Menschen sieht Graf die Welt,

---

[2] Grete Fischer: *Der Bayer*. In: *Materialien zu Ödön von Horváth*. Frankfurt am Main 1977, S. 32.

bildhaft und derb wie sie. Was er hinschreibt, steht da, klar und fest wie die bayrischen Berge unter dem bayrischen Himmel.«[3]

Keine Frage: Oskar Maria Graf war einer aus dem Volk. Er war einer von ihnen. Ungehobelt im Auftreten und derb im Ton, gab Graf in Lederhose und Trachtenjacke ganz den bäuerlichen Menschen vom Land. Nicht selten stimmte er nach einer Lesung urwüchsiger und unterhaltsamer Begebenheiten des Landvolkes zwischen Isar und Inn aus voller Kehle das Lied »Auf den Bergen wohnt die Freiheit« an. Und doch war da was, das ihn von den anderen traditionsverhafteten Landbewohnern unterschied. Graf war eindeutig ein Linker: ein Sozialist und Anarchist. Nach seiner Flucht aus der elterlichen Backstube hatte er Zuflucht in den Kreisen der Schwabinger Bohème um den Anarchisten Erich Mühsam gefunden. Das hatte ihn geprägt. Nüchternes politisches Kalkül oder gar Parteiprogramme waren ihm zuwider. Wie er überhaupt ein tiefes Misstrauen gegen alles streng Geregelte wie Hierarchien, Institutionen und Obrigkeiten hegte. Graf war ein Mensch der Emotionen: ein Rebell und Empörer, dem »als Bub so gründlich wie vielleicht keinem der Glaube an das Menschliche im Menschen herausgeprügelt worden (ist), dass es viele Jahrzehnte, fast bis an die Grenze meines Greisenalters gebraucht hat, bis ich wenigstens einiges wieder zurückgewinnen konnte«. Das hatte ihn zum Rebellen gemacht, »gleichsam instinktiv und zwangsläufig«.[4]

## Rund um die Schellingstraße

Das Leben der Dichterfreunde Oskar Maria Graf und Ödön von Horváth spielte sich damals in München rund um die Schellingstraße ab. Seit 1921 wohnte Oskar Maria Graf in der Barer Strasse 37 in einem Hinterhof-Atelier und war ein gern und häufig gesehener Gast in den zahlreichen Gastwirtschaften, Künstlerkneipen und Cafés entlang der Schellingstraße. Horváth wohnte

---

[3] Lion Feuchtwanger: *Der Abgrund*. In: *Das Wort*, Nr. 6. 1937, S. 86.
[4] Oskar Maria Graf: *Verbrennt mich! Nachschrift zu diesem Protest 1960*. In: *Das Oskar Maria Graf-Lesebuch*, hg. von Hans Dollinger, München 1993, S. 86.

in einer Studentenbude ganz in seiner Nähe und hörte an der Universität Vorlesungen bei Professor Artur Kutscher. Hier an der Bruchlinie zwischen Maxvorstadt und Schwabing stieß die Welt der Handwerker und kleinen Ladenbesitzern mit der Welt der Möchtegern-Künstler und verkrachten Existenzen zusammen. Dieser Mikrokosmos mit eigenem Flair war einem Dorf nicht unähnlich. Inflation und Wirtschaftskrise hatten zahllose mittelständische Familienbetriebe in den Ruin getrieben. Ehemals stolze Ladenbesitzer und Büroangestellte verdienten kaum mehr als die bei ihnen verhassten Arbeiter. Im Schelling-Salon, halb Spielhölle, halb Wiener Café-Restaurant, trafen sie auf engstem Raum zusammen: Schieber, Kriegsgewinnler, verarmte Adelige, Arbeitslose, Kellner, Büroangestellte.

Das war der Nährboden, auf dem der aufkommende Nationalsozialismus so prächtig gedieh. In der Schellingstraße, wo seit 1925 das Parteihauptquartier der NSDAP lag, ließ sich der Aufstieg der braunen Horden besonders gut studieren. Das, was sich hier von den Augen Horváths und Grafs zusammenbraute, führte geradewegs in den Faschismus. Nur wenige Häuser vom Schelling-Salon entfernt – in der »Osteria Bavaria« – konnte man den Schwabinger Kunstmaler Adolf Hitler und andere Parteibonzen persönlich antreffen. Möglicherweise sind sich Ödön von Horváth und Graf in einer dieser Wirtschaften zum ersten Mal begegnet. Jedenfalls traten die beiden Mitte der Zwanziger Jahre gemeinsam in den gewerkschaftlich orientierten »Schutzverband Deutscher Schriftsteller« ein und saßen gemeinsam mit den Schriftstellerkollegen Hugo Hartung am »Tisch der Jugend«. Den Vorsitz in der Ortsgruppe München hatte ab 1929 der Nobelpreisträger Thomas Mann. Für einen Jahresbeitrag von 15 Mark unterstützte der Schutzverband seine Mitgliedern durch fachliche Beratung und gewährte kostenlosen Rechtsschutz.

Während Ödön von Horváth zunehmend die entwurzelten Kleinbürger ins Visier nahm, baute Oskar Maria Graf systematisch sein Image als tiefverwurzelter urwüchsiger weißblauer Kraftmensch aus. Spätestens mit seinem autobiografischen Bekenntnis *Wir sind Gefangene* von 1927 gelang ihm der Durchbruch zum bekanntesten bayerischen Schriftsteller. Ödön von Horváth hingegen war in München nur wenigen bekannt. Obwohl er die meiste Zeit des Jahres in München und im nahe gelegenen Murnau wohnte, wo die Eltern seit 1924 ein Landhaus besaßen, lag sein Arbeitsmittelpunkt in Berlin, damals das kulturelle Zentrum Deutschlands. In Berlin brachte Horváth die Menschen, die er in Murnau und München studierte, erstmals auf die Bühne, dort war sein Verlag. Oskar Maria Graf hingegen hatte seinen Lebensmittelpunkt in München. In nur zehn Jahren erschienen zwölf seiner Bücher, darunter *Die Chronik von Flechting, Das bayerische Dekameron, Wir sind Gefangene, Bolwieser* und *Bayerisches Lesebücherl*. Immer mehr missfiel Graf die Rolle des derben und polternden Urbayern:

»Widerstrebend und verärgert mußte ich es nun hinnehmen, dass man mich von jetzt ab nur noch ›bayrisch‹ nahm. Und frecherweise bedeutet ja für Nichteinheimische ›bayrisch‹ fast immer so etwas wie ein herzerfrischendes Hinterwäldlertum auf Bauernart, eine mit dem dicken Zuckerguß sentimentaler Verlogenheit reizend garnierte Gebirgsjodler-Idylle, ein schlicht-inniges bierkatholisches Analphabetentum als Volkscharakter und im besten Falle eine bäuerlich-pfiffige Gaudi-Angelegenheit. Rundheraus gesagt also: etwas entwaffnend Einfältiges, über das jeder Mensch eben wirklich nur noch lachen kann«.[5]

Gleichzeitig blieb Oskar Maria Graf aber politisch äußerst aktiv. Er engagierte sich in der »Nansenhilfe«, die Geld zur Bekämpfung der Hungersnot in der Sowjetunion sammelte, stand dem Münchner Komitee für die Freilassung der unschuldig in Haft sitzenden Arbeiterführer Sacco und Vanzetti vor, kämpfte gegen das Zensurgesetz, war Mitglied der von den Kommunisten beherrschten Roten Hilfe, unterzeichnete einen Aufruf für die Wiederaufnahme des Verfahrens gegen den legendären Arbeiterführer Max Hoelz und gründete mit anderen Kollegen 1926 den »Jungmünchner Kulturbund«, der sich für die Abschaffung der Todesstrafe einsetzte.

Und Ödön von Horváth? Auch er war politisch äußerst aktiv. Er engagierte sich zusammen mit Kurt Tucholsky und Carl von Ossietzky in der »Liga für Menschenrechte« und schrieb an der Denkschrift *Acht Jahre politische Justiz* mit.

---

[5] Oskar Maria Graf: *Gelächter von außen. Aus meinem Leben 1918–1933*. München 1983, S. 96/97.

### Gesuch um Einbürgerung abgelehnt

Mit der 1919 neu gebildeten Republik Ungarn konnte sich Ödön von Horváth nach dem Zusammenbruch der Donaumonarchie nur wenig identifizieren. Mitte September 1919 hatte er sich über das ungarische Generalkonsulat München einen neuen Pass ausstellen lassen, wie einer amtlichen Auskunft der Münchner Meldebehörde an die Polizeidirektion München »zur gefälligen Äußerung über Leumund und Aufenthaltsverhältnisse des Edmund Josef von Horváth« vom 20. Dezember 1927 zu entnehmen ist. Er war jetzt ungarischer Staatsbürger und zuständig nach »Budapest-Ungarn«. Doch dieser Nationalstaat, der sich nach dem Zusammenbruch der Habsburger Monarchie gebildet hatte, war nicht mehr sein Land. Horváth fühlte sich als deutscher Schriftsteller und sein Herz schlug für Südbayern.

Dort hatte er bisher die meiste Zeit seines Lebens verbracht. In München hatte er mehrere Jahre das Gymnasium und später die Universität besucht. Seit 1924 lebte er überwiegend im Landhaus der Eltern, das sie im nur 70 km entfernten Murnau gebaut hatten, und war seit 1926 dort gemeldet. Dort hatte er so etwas wie eine Heimat gefunden. Dieses Gefühl demonstrierte er nach außen, indem er in Lederhose und Bauernleinen herumlief und bayerisch sprach, wie sein Schriftstellerfreund Carl Zuckmayer registrierte:

> »Höchst merkwürdig war es, dass Horváth, in dessen Stammbaum die ganze k. u. k. Monarchie, insbesondere deren östliche Völker lebten, sich völlig aufs Bayerische stilisiert hatte, auch in seiner Sprache und Ausdrucksweise ... Horváth empfand sich selber als einen Bayer aus Murnau, dort lebte seit einiger Zeit seine Familie, dort lebten seine Modelle – auch die Dialektanklänge in seinen Stücken sind durchwegs mehr bayerisch als österreichisch gefärbt.«[6]

Wiederholt betonte er, dass er sich als deutscher Schriftsteller fühle, also wollte er auch einen deutschen Pass haben. Dafür war er bereit, auf seine ungarische Staatsbürgerschaft zu verzichten. Und so stellte er bei der für ihn zuständigen Marktgemeinde

---

[6] Carl Zuckmayer: *Aufruf zum Leben. Porträts und Zeugnisse aus bewegter Zeit*. Frankfurt 1976, S. 210.

Murnau im April 1927 den Antrag auf Einbürgerung – übrigens als einziger seiner Familie.

Das Gesuch war ein Albtraum für die Behörden und beschäftigte über Monate hinweg den Murnauer Magistrat, machte einen Gemeinderatsbeschluss und einen Beschluss der Ortsfürsorgeausschusses nötig und führte zu mehreren Stellungnahmen der Marktgemeinde gegenüber dem Bezirksamt Weilheim, der übergeordneten Landkreisbehörde. Diese überprüfte alle Angaben des Antragsstellers sorgfältig, fragte nach, wies Auskünfte zurück und holte weitere Informationen ein: unter anderem bei der Gendarmeriestation Murnau, beim Stadtrat München, bei der Polizeidirektion München und beim Bezirksamtsaußensitz Reichenhall. Ödön von Horváth musste im Zuge des Verfahrens sogar im März 1928 persönlich beim Bezirksamt Weilheim vorsprechen. »Der Antragsteller erklärte heute bei Amt, dass seine Mutter vor dem Zeitpunkte ihrer Verehelichung Österreicherin war und nur die deutsche Sprache beherrschte; auch er der Antragsteller spreche nur Deutsch als Muttersprache«. Dann wurden die Unterlagen zur endgültigen Entscheidung der Regierung von Oberbayern vorgelegt. Diese schloss sich der Empfehlung der Marktgemeinde Murnau an, »dass kein Nachweis erbracht ist, ob Gesuchsteller imstande ist, sich dauernd selbständig zu ernähren« und lehnte den Einbürgerungsantrag ab.

Am 27. Juni 1928 wurde Ödön von Horváth ins Murnauer Rathaus vorgeladen und erfuhr dort unter »Aushändigung eines Taufscheines und eines Zuständigkeitszeugnisses«, dass »nach Regg. Entschl. Vo. 18.5.1928 Nr. d 1513 AI dem Schriftsteller Edmund von Horváth von Budapest die Einbürgerung in Bayern nicht in Aussicht gestellt werden«[7] kann. Das muss für Horváth eine schwere Kränkung gewesen sein und hatte weitreichende Folgen für sein Werk, aber auch für sein politisches Handeln. Zum einen sensibilisierte ihn diese Zurückweisung für die Nöte derer, die nirgends dazugehören, die kein Zuhause haben. Zum anderen betonte er nun erst recht, dass er ein deutscher Schriftsteller sei, so 1932 in einem Interview:

---

[7] *Gesuch um Einbürgerung.* Akte im Original im Staatsarchiv München, LRA 138 989.

»Wenn man mich fragt, ob ich ein Deutscher bin, so kann ich darauf nur antworten: ich fühle mich als ein Individuum, das sich unter allen Umständen zum deutschen Kulturkreis zählt und warum ich mich zum deutschen Kulturkreis gehörend betrachte, liegt wohl vor allem daran, dass meine Muttersprache die deutsche ist. Und dies dürfte meiner Meinung nach der ausschlaggebende Grund sein. Dann erst folgt die Tatsache, dass ich entscheidende Entwicklungsjahre in Deutschland und zwar in Südbayern und in Österreich verlebt habe... immer wieder lese ich in Artikeln, dass ich ein ungarischer Schriftsteller bin. Das ist natürlich grundfalsch. Ich habe noch nie in meinem Leben – außer in der Schule irgend etwas ungarisch geschrieben, sondern immer nur deutsch. Ich bin also ein deutscher Schriftsteller.«[8]

In der Tat ist bisher nur wenig Ungarisches von ihm erhalten geblieben. Auch kokettierte Horváth gerne mit seinen mangelnden Ungarischkenntnissen. Übrigens verschwieg Horváth seinen Bekannten und Freunden gegenüber den gescheiterten Einbürgerungsversuch und ging in die Offensive. Im Herbst 1929 bekannte er sich in dem autobiografischen Text *Fiume, Belgrad, Budapest, Pressburg, Wien* zu Internationalität und Heimatlosigkeit:

»Sie fragen mich nach meiner Heimat: ich antworte: ich wurde in Fiume geboren, bin in Belgrad, Budapest, Pressburg, Wien und München aufgewachsen und habe einen ungarischen Paß – aber »Heimat«? kenn ich nicht...Allerdings: der Begriff »Vaterland«, nationalistisch gefälscht, ist mir fremd. Mein Vaterland ist das Volk. Also, wie gesagt: Ich habe keine Heimat und leide natürlich nicht darunter, sondern freue mich meiner Heimatlosigkeit, denn sie befreit mich von einer unnötigen Sentimentalität.«[9]

## »Der heimatlose Ausländer Horváth«

Die Nationalsozialisten fühlten sich durch Theaterstücke wie *Die Bergbahn* und *Sladek* zunehmend provoziert, zumal sie von einem Ausländer stammten. Horváth geriet immer mehr in ihr

---

[8] Ödön von Horváth: *Interview mit Willy Cronauer*. In: Ödön von Horváth: *Sportmärchen. Gesammelte Werke 11*. Frankfurt am Main 1988, S. 196.

[9] Ödön von Horváth: *Fiume, Belgrad, Budapest, Pressburg, Wien*. In: Ödön von Horváth: *Sportmärchen. Gesammelte Werke 11*. Frankfurt am Main 1988, S. 184/185.

Visier. In einem Brief an seine Freundin Lotte Fahr kommentierte er im Januar 1929 die wüsten Reaktionen auf sein Volksstück *Die Bergbahn*: »Ich verstehe ja die Wut: ganz Bayern bringt seit 1914 keinen Dramatiker heraus und nun kommt ausgerechnet ein ›Ausländer‹, der ein ›bodenständig‹, ›völkisches‹ Stück schreibt! Das einzige, das die Bayern haben. Die Wut dieser Nationalisten ist ja verständlich: ich habe mir erlaubt durch ihre Rechnung einen dicken Strich zu machen«.[10] Horváths Zeugenaussage im Saalschlacht-Prozess vor dem Weilheimer Schöffengericht machte ihn endgültig zum Feind der Nationalsozialisten.

Horváth war am 1. Februar 1931 Zeuge einer blutigen Auseinandersetzung zwischen Sozialdemokraten und Nationalsozialisten in Murnau geworden und hatte am 20. Juli 1931 unter Eid die NSDAP-Mitglieder mit der Aussage schwer belastet, er habe den »bestimmten Eindruck gehabt, daß die Schlägerei von den Nationalsozialisten planmäßig vorbereitet war«.[11] Das Revisionsverfahren endete mit dem Freispruch aller Nationalsozialisten. Horváths Ansehen in Murnau war damit endgültig verspielt. Nur noch wenige Freunde hielten zu ihm. Die nationalsozialistische Presse reagierte äußerst aggressiv und bezog klar Stellung gegen Ödön von Horváth, als ihm im Herbst 1931 zusammen mit Erik Reger der renommierte Kleist-Preis verliehen wurde. Erik Krünes sah den »Kleistpreis in unwürdiger Hand« und hetzte in der »Berliner illustrierten Nachtausgabe« vom 3. November 1931 gegen den »heimatlosen Ausländer Horváth«: »Es blieb dem Vertrauensmann dieses Jahres, Herrn Carl Zuckmayer, vorbehalten, durch einen unglaublichen Schiedsspruch den Kleist-Preis ins Ausland zu verschieben und als Träger für 1931 einen fremdsprachigen ›Dichter‹ zu berufen... Was treibt nun Herr Horváth in Deutschland? Er wohnt, so heißt es, in der Nähe von München. Hat er schon Deutsch gelernt? Kaum... Horváth ist kein Deutscher, sondern, wie er selbst bekennt, ein Vaterlandsloser, ein Ungar, der sich schämt, dies zu sein. Er beherrscht, wie oben bezeigt wurde, nur mangelhaft die deutsche Sprache. Wenn der Kleistpreis noch einen Wert behalten soll,

---

[10] Ödön von Horváth an Lotte Fahr, 22.1.1929. In: *Horváth-Blätter 1/83*. Göttingen 1983, S. 107.
[11] Münchner Post, 23.7.1931.

dann muß Herr Horváth schleunigst aus der Liste seiner Träger verschwinden.«[12]

Der spätere Reichsdramaturg Rainer Schlösser kam im *Völkischen Beobachter* zu dem Schluss, »dass Horváth deutschen Menschen nichts, aber auch gar nichts zu sagen hat.«[13] Die Auseinandersetzungen mit den Nationalsozialisten eskalierten weiter und entluden sich nur wenige Tage nach Hitlers Machteroberung in Horváths Stammlokal »Hotel Post«. Am Abend des 10. Februar 1933 übertrug der Bayerische Rundfunk direkt aus dem Berliner Sportpalast die erste Rede des jüngst ernannten Reichskanzlers Adolf Hitler. Ödön von Horváth fühlte sich belästigt und forderte die Bedienung auf, das Radio auszuschalten. Das provozierte anwesende SA-Leute. Es kam zu einer heftigen Auseinandersetzung Am übernächsten Tag war in der Murnauer Lokalpresse zu lesen: »Bei der Rede des Reichskanzlers Adolf Hitler, die jedem, der noch Ideale hat und sein Vaterland liebt, bis ins Innerste bewegte, konnte es der Schriftsteller Oedoen Horváth nicht unterlassen, in einem öffentlichen Lokal durch Bemerkungen schlimmster Art herauszufordern. Es wäre beinahe zu einem ernsten Zwischenfall gekommen, wenn Kreisleiter Engelbrecht auf Horváths Bitten diesen nicht geschützt hätte. Zwei S. A.Leute begleiteten ihn als Deckung nach Hause. Herr Horváth soll inzwischen abgereist sein.«[14]

Das Landhaus der Horváths wurde in den darauf folgenden Tagen von einem SA-Trupp durchsucht. Horváth hielt sich zu diesem Zeitpunkt längst in der Münchner Wohnung der Eltern auf und überlegte mit ihnen gemeinsam, wie dem Übergriff auf die ungarische Diplomatenfamilie zu begegnen sei. Fünf Tage nach der Vertreibung Horváths aus Murnau erschien im Murnauer Tagblatt eine Gegendarstellung des Rechtsbeistandes der Familie Horváth, in der zu lesen war, dass es »absolut unrichtig« ist, »dass Herr Horváth überhaupt Veranlassung gegeben hat, über ihn aufgebracht zu sein. Er hat keine Bemerkun-

---

[12] Erik Krünes. In: *Berliner illustrierte Nachtausgabe*, 3.11.1931.
[13] Rainer Schlösser. In: *Völkischer Beobachter 1931*. In: Traugott Krischke (Hg.): *Materialien zu Ödön von Horváth*. Frankfurt am Main 1977, S. 64.
[14] *Murnauer Tagblatt*. Staffelsee-Bote, 11.2.1933.

gen, noch weniger ›Bemerkungen schlimmster Art‹ gemacht«.[15] Das werteten Horváths Schriftstellerkollegen, die bereits ins Ausland geflohen waren, als Anbiederung an die neuen braunen Machthaber. Ödön von Horváth indes fuhr nach der Gleichschaltung Bayerns im März 1933 mit seinem ungarischen Paß nach Österreich und hielt sich fast das ganz Jahr in Salzburg oder Wien auf. Sein Schriftstellerfreund Oskar Maria Graf war bereits seit Ende Februar in Wien. Er war auf einer Vortragsreise von der Gleichschaltung Bayerns überrascht worden und konnte jetzt nicht mehr nach München zurückkehren. Von Wien aus schrieb er anlässlich der Verbrennung missliebiger Bücher am 10. Mai in der Wiener *Arbeiter-Zeitung* seinen legendären Aufruf »Verbrennt mich!« und fordert, »daß meine Bücher der reinen Flamme des Scheiterhaufens überantwortet werden und nicht in die blutigen Hände und die verdorbenen Hirne der braunen Mordbanden gelangen. Verbrennt die Werke des deutschen Geistes! Er selber wird unauslöschlich sein wie eure Schmach!«[16]

Mit diesen Worten positionierte sich Oskar Maria Graf eindeutig auf der Seite der Gegner des NS-Regimes. Ganz anders Ödön von Horváth. Er enthielt sich jeder öffentlichen Stellungnahme, die ihm als Kritik an der Politik der nationalsozialistischen Machthaber hätte ausgelegt werden können und zog sich auf die Position des neutralen Beobachters zurück.

## »Ich bin bekanntlich ungarischer Schriftsteller«

Auf dem XI. Kongress des Internationalen PEN-Clubs, der vom 25. bis 28. Mai 1933 in Ragusa bei Dubrovnik stattfand, protestierten einzelne Autoren heftig gegen die Kulturpolitik der Nationalsozialisten, vor allem gegen die Bücherverbrennung und die Verfolgung von Schriftstellern im Dritten Reich. Die deutsche Delegation, die aus handverlesenen Günstlingen des NS-Regimes bestand, verließ daraufhin unter Protest den Kongress. Dar-

---

[15] *Murnauer Tagblatt.* Staffelsee-Bote, 15.2.1933.
[16] Oskar Maria Graf: *Verbrennt mich! Protest anlässlich der deutschen Bücherverbrennung 1933.* In: *Das Oskar Maria Graf Lesebuch*, München 1993, S. 84/85.

aufhin richteten zahlreiche kritische, linksgerichtete Autoren ein telegrafisches Protest-Schreiben an den PEN-Club. Oskar Maria Graf bat Ödön von Horváth um Beteiligung und las ihm am Telefon den Text des Telegrammes vor. Horváth sagte seine Unterschrift zunächst zu, zog sie aber kurz darauf wieder zurück. Seinen Schritt begründete er in einem Schreiben an den Sekretär des Österreichischen »Schutzverband deutscher Schriftsteller«:

>»Sehr geehrter Herr Dr. Stern! Heute Vormittag teilte mir ein Herr, dessen Namen ich leider nicht verstand, den Text des telegrafischen Protestes an den Penklub mit. Dieses mir heute mitgeteilte Telegramm kann ich leider unmöglich unterschreiben. Es weicht auch in mancher Formulierung beträchtlich von dem ab, was Sie mir gestern telephonisch mitgeteilt haben, so z. B. kann ich doch nicht im Namen der österreichischen und geflüchteten Schriftsteller sprechen, da ich weder Österreicher noch geflüchtet bin. Ich bin bekanntlich ungarischer Staatsbürger.«[17]

Es drängt sich die Frage auf, ob sich Horváth anders verhalten hätte, wenn er im Besitz eines deutschen Passes gewesen wäre. So jedenfalls wies Ödön von Horváth jede Art von aufrechter Stellungnahme zurück und entzog sich dank seinem ungarischen Pass bequem der Verantwortung für alles, was sich in Deutschland zusammenbraute. Das kränkte den Schriftstellerfreund Oskar Maria Graf schwer. Während zahlreiche Autoren die Politik der Nationalsozialisten heftig attackierten, verweigerte ausgerechnet der von den Nationalsozialisten so heftig angegriffene Ödön von Horváth die Solidarität mit den vertriebenen, ihrer Sprache und Heimat beraubten Schriftstellern. Unter dem Druck der Ereignisse kündigte Oskar Maria Graf dem Freund und Weggefährten die Freundschaft auf und ging zum Gegenangriff über. In der Wiener *Arbeiter-Zeitung* machte er am 2. Juni 1933 einer breiten Öffentlichkeit Horváths zögerliche Haltung bekannt:

>»Lieber Horváth! Soeben erfahre ich durch die Bildungszentrale, dass Du Deine Unterschrift für das Telegramm an den Kongreß des Penklubs in Ragusa wieder zurückgezogen hast und muß sagen, dass

---

[17] Kopie des undatierten Briefes an Josef Luitpold Stern im HA/B 37a/63/19. Zit n. Christian Schnitzler: *Der politische Horváth. Untersuchungen zu Leben und Werk.* Frankfurt am Main, Bern u. a.1990, S. 138.

ich baß erstaunt bin. Noch erstaunter aber bin ich über die fadenscheinige und feige Begründung, mit welcher Du das tust ... Du gibst an, dass Du nicht zu den geflüchteten deutschen Schriftstellern gehörst und außer dem Ungar seist, also ungarischer Schriftsteller!

Daß Du wohl zu den geflüchteten deutschen Schriftstellern gehörst, hast Du mir gegenüber doch stets betont – oder war das reine Aufschneiderei, wie etwa das, dass Du – umringt von zehn S. A. Männern – aus Murnau vertrieben worden bist?

Daß Du auf einmal ein ungarischer Schriftsteller sein willst, ist geradezu pikant angesichts der Tatsache, dass Du Dich bei der Kleist-Preisverleihung absolut als Deutscher gefühlt hast! Der langen Rede kurzer Sinn: Du willst Dir nach keiner Seite irgendein Geschäftchen verderben. Mit solchen Leuten, deren Gesinnung nicht weiter reicht als ihr Maul, und die bei einem so geringfügigen Ansinnen, das an ihren kollegialen Anstand gestellt wird (von einem Solidaritätsbewußtsein ganz zu schweigen!), die Flucht ergreifen, habe ich nichts zu schaffen.«[18]

Der Offene Brief von Oskar Maria Graf fand in allen großen österreichischen Tageszeitungen rasche Verbreitung. So auch in der Innsbrucker *Volkszeitung*. Im nur 90 km entfernten Murnau griff man den Frontalangriff gerne auf. Zum einen, um den vertriebenen Ödön von Horváth in Murnau als Lügner zu strafen. Zum anderen, um Zwietracht unter den wenigen Murnauer Horváth-Freunden zu säen. Das scharf zensierte *Murnauer Tagblatt* druckte den offenen Brief komplett ab. Und als die Murnauer am 21. Juni 1933 frühmorgens die Lokalzeitung aufschlugen, bekamen sie folgendes zu lesen:

»Es wird uns ein Ausschnitt aus der roten Innsbrucker *Volkszeitung* zur Verfügung gestellt, der nicht uninteressant ist, da er sich mit dem Schriftsteller Oedoen Horváth beschäftigt, von dem wir seit seiner Abreise aus Murnau nichts mehr gehört haben. Es ist bekannt, dass Horváth Kleistpreisträger wurde und dass er zu einer Clique gehörte, die im neuen Deutschland jetzt ausgespielt hat. Besonders interessant ist, dass Horváth Schauermärchen zu erzählen weiß darüber, wie er von zehn S. A. Männern aus Murnau vertrieben worden sei. Hier weiß jeder, dass Horváth durch herausforderndes Benehmen einen ernsten Konflikt mit der S. A. heraufbeschwor, dass er aber nicht durch 10 S. A. Männer vertrieben wurde, sondern dass ihn 2 S. A. Männer zu

---

[18] Wiener *Arbeiter-Zeitung*, 2. Juni 1933.

seinem persönlichen Schutz heimbegleiteten. Am anderen Tag reiste er dann in aller Frühe selbst ab, ohne dass sich die S. A. um ihn weiter bemüht hätte.«[19]

In Murnau gehörte die ungarische Diplomatenfamilie Horváth nun zu den Geächteten und verkauften das Landhaus im Januar 1934.

### Anbiederung oder Neutralität?

1933 hielt sich Ödön von Horváth die meiste Zeit in Österreich auf. Er spielte mit dem Gedanken, ganz nach Henndorf bei Salzburg überzusiedeln, wo sein Dichterfreund Carl Zuckmayer eine alte Mühle besaß. Das Landhaus in Murnau besuchte er nur noch heimlich, ohne sich in der Marktstraße blicken zu lassen. Zunehmend war er um politische Unauffälligkeit bemüht. Als engagierte Autoren wie Brecht, Toller, Tucholsky, Arnold Zweig und Heinrich Mann den »Verband Deutscher Bühnenschriftsteller und Bühnenkomponisten« verließen, annoncierte Horváth in der Rubrik »Mitgliederbewegung« der Verbandszeitschrift *Der Autor* vom Juni 1933 seine neue Münchner Kontaktadresse. Als diese Organisation dem Reichspropagandaministerium unterstellt und der Reichstheaterkammer angeschlossen wurde, blieb Horváth ihr Mitglied. Auch distanzierte er sich im September 1933 von der von seinem Freund Klaus Mann ins Leben gerufenen Exilzeitschrift *Die Sammlung* und zog seine zunächst geäußerte Bereitschaft zur Mitarbeit zurück. Gleichzeitig geht aus einem Brief seines Freundes Franz Theodor Csokor vom November 1933 eindeutig hervor, dass sich Horváth zu diesem Zeitpunkt als Emigrant und Flüchtling fühlte.

Andere Emigranten freilich wollten an eine »Flucht« Horváths aus Murnau nicht so recht glauben. Das liegt zum einen an seiner indifferenten Haltung gegenüber den neuen Machthabern. Zum anderen wollte Horváth unbedingt Schriftsteller bleiben. Er wollte, dass seine Stücke auf deutschen Bühnen weiterhin aufgeführt werden konnten. Weiter nichts. Darum ging er jeder

---

[19] *Murnauer Tagblatt*, 21. Juni 1933. In: Elisabeth Tworek: *Horváth und Murnau. 1924–1933.* Murnau 1988, S. 105.

klaren Positionierung aus dem Weg und näherte sich – haltlos wie er war – den neuen Machthabern in Berlin an.

Im Juni 1934 schloss er mit dem nationalsozialistisch gleichgeschalteten »Neuen Bühnenverlag im Verlag für Kulturpolitik« einen Vertrag. Als seine Stücke dennoch nicht gespielt wurden, richtete sein neuer Bühnenverlag am 26. Juni 1934 ein Schreiben an den Reichsdramaturgen Dr. Rainer Schlösser. Darin wird ein Brief von Horváth vom 18. Juni 1934 zitiert, aus dem hervorgeht, dass Horváth unbedingt am Wiederaufbau Deutschlands mitarbeiten will:

> »Also, wie Sie wissen, bin ich Ausländer, aber meine Muttersprache ist deutsch und daher fühle ich mich als Mitglied des mächtigen deutschen Kulturkreises. Ich habe beim Ausbruch der deutschen nationalen Revolution und während der folgenden Zeit bis Mitte April 1934 im Ausland gelebt und gearbeitet. Ich habe während dieser ganzen Zeit es kategorisch abgelehnt, irgend etwas in Wort und Schrift oder Tat gegen Deutschland und seine Regierung zu unternehmen. Ich habe keinerlei Proteste unterzeichnet und bin deshalb auch von der gesamten marxistischen Presse Österreichs in wüstester Weise angepöbelt und verleumdet worden. Ja, ich habe mich nicht nur geweigert, irgend einen Protest zu unterschreiben, ich habe sogar öffentlich erklärt, dass ich an keiner Emigrantenzeitung mitarbeite und radikal nichts damit zu tun habe. ... Und nun, fünfviertel Jahr später, ereignet sich der Fall, dass ein deutsches Theater ein Stück von mir spielen will, und da muss ich hören, dass man keine Stück von mir in Deutschland spielen kann, also in dem Lande, für das ich im Ausland immer eingetreten bin. Ich erwarte es niemals, dass man mich irgendwo mit offenen Armen empfängt, aber es wäre für mich mehr als ein sehr schmerzliches Erlebnis, wenn man es mir untersagen würde, am Wiederaufbau Deutschlands mitzuarbeiten, soweit dies mir meine Kräfte erlauben.«[20]

Wenige Wochen später, genauer gesagt am 11. Juli 1934, trat Horváth in den nationalsozialistischen »Reichsverband Deutscher Schriftsteller« ein und hielt sich in der Folgezeit mit dem Abfassen von Drehbüchern für Filme über Wasser, die er meist unter Pseudonym schrieb. Seine Stücke wurden dennoch nicht gespielt. Noch bis 1935 zahlte Horváth Mitgliedsbeiträge und

---

[20] Schreiben im Faksimile abgedruckt in: Elisabeth Tworek, Heinz Lunzer: *Horváth. Einem Schriftsteller auf der Spur.* Salzburg 2001, S. 113–115.

wurde 1937 aus dem »Reichsverband Deutscher Schriftsteller« ausgeschlossen.

## »Flüchtiger der nationalen Erhebung«

Kurioserweise wurde Ödön von Horváth in Murnau als ein »Flüchtiger der nationalen Erhebung« geführt, während er gleichzeitig in Berlin für die nationalistisch gesteuerte Filmindustrie arbeitete. Gerüchteweise war sein neues Betätigungsfeld den Murnauern bekannt. So meldete die Gendarmeriestation Murnau der vorgesetzten Bezirksbehörde auf Anfrage, wer »anlässlich der nationalen Erhebung geflüchtet« sei, am 10. Januar 1935 als einzigen »von Horváth Edmund, Schriftsteller, geb. 9.12.1901 zu Fiume, ungarischer Staatsangehöriger, zuletzt wohnhaft in Murnau. War hier als sogenannter Edelkommunist bekannt, hat einige Tage nach dem 30. Juni 1933 Murnau verlassen und sich seitdem hier nicht mehr sehen lassen, soll sich nach der Flucht in Salzburg, später in Berlin aufgehalten haben und z. Zt. in Prag leben.«[21] Horváth bereute es schon bald, dass er sich den Nazis an den Hals geworfen hatte. Für ihn war die Anbiederung der moralische Tiefstand und er gestand: »Es gibt nichts Entsetzlicheres als eine schreibende Hur.«[22]

Und Oskar Maria Graf? Er wurde im Juni 1933 »aus dem Deutschen Reiche ausgebürgert« und blieb 25 Jahre lang staatenloser Emigrant. Erst 1958 bekam er die amerikanische Staatsbürgerschaft. Im österreichischen und tschechischen Exil radikalisierte sich seine politische Haltung zunehmend. Graf war davon überzeugt, dass nur eine antifaschistische Einheitsfront von SPD, KPD und den Gewerkschaften dem Faschismus Einhalt gebieten könnte. Im Sommer 1934 reiste er in seiner Funktion als Mitherausgeber der linksgerichteten Exilzeitschrift *Neue Deutsche Blätter* an der Seite vieler von den Nazis verfolgten und außer Landes getriebenen deutschen Schriftstellern zum Allunionskongress nach Moskau. »So war dieser

---

[21] Polizeiliche Auskunft vom 18. Januar 1935 auf eine Anfrage der Bayerischen Politischen Polizei »Betreff K.P.D.«. zit. n. Elisabeth Tworek: *Horváth und Murnau. 1924–1933*. Murnau 1988, S. 106.

[22] Ödön von Horváth: *Die Komödie des Menschen* (1936/1937). In: GW 11, S. 227/228.

Kongress als eine Plattform für den Antifaschismus gedacht, auf der die Sowjetunion ihre führende Rolle präsentieren konnte. Überdies sollte die Veranstaltung auch als Ausdruck des Internationalismus verstanden werden, den Stalin zur Verschleierung der innenpolitischen Repression forcierte«[23] betonte Wilfried F. Schoeller, Herausgeber der Graf-Gesamtausgabe in der Büchergilde Gutenberg Frankfurt. Doch davon bekam Oskar Maria Graf während seines neun Wochen dauernden Aufenthaltes offenbar wenig mit. Jedenfalls hielt er nichts davon in seinem Bericht *Reise in die Sowjetunion 1934* fest.

Grafs Suche nach einer neuen Heimat endete schließlich 1938 in New York. Einmal aus der vertrauten Umgebung in die Fremde hinausgeworfen, schrieb sich Graf am New Yorker Schreibtisch wieder an seine bayerische Heimat heran. Sein hervorragendes Bildgedächtnis kam ihm dabei zu Hilfe. In Romanen wie *Unruhe um einen Friedfertigen* und *Das Leben meiner Mutter* schuf Graf ein allgemeingültiges, unverkitschtes Bild vom Leben der Menschen auf dem Land und gleichzeitig seinen Gegenentwurf zum Blut- und Bodenkult der Nationalsozialisten. In der Emigration wurde für den Urbayern Graf Heimat das, was man in sich trägt. Wiederholt betonte er, dass seine eigentliche Heimat die Sprache ist.

Bekannt ist bisher nicht, ob sich Oskar Maria Graf und Ödön von Horváth noch einmal begegnet sind, in Wien oder Prag etwa, wo sich die beiden während des Exils öfter aufhielten. Je länger die Emigration dauerte, desto mehr näherten sich die beiden großen Autoren in ihrer Haltung gegenüber dem Nazi-Regime wieder an. Spätestens mit seinem Roman *Jugend ohne Gott* positionierte sich Ödön von Horváth wieder eindeutig auf der Seite der Hitler-Gegner. Der Roman erschien 1937 im Exil-Verlag Allert de Lange in Amsterdam und thematisierte erstmals den politischen Missbrauch der Jugend im Faschismus. Die Nationalsozialisten verboten den Roman umgehend und setzten ihn auf die »Liste des schädlichen und unerwünschten Schrifttums«. Ein halbes Jahr später wurde auch Horváths Roman *Ein Kind seiner Zeit* verboten. Als die Nationalsozialisten

---

[23] Wilfried F. Schoeller: *Oskar Maria Graf. Odyssee eines Einzelgängers*, Büchergilde Gutenberg, Frankfurt am Main, Wien 1994, S. 298.

am 12. März 1938 in Österreich einmarschierten, musste auch Ödön von Horváth fliehen. Den rettenden ungarischen Pass hatte ihm nur wenige Tage vor dem Einmarsch der Deutschen Ernö Traeger, damals Sektionsleiter im Propagandaministerium in Budapest, per Post nach Wien zugesandt, wie ein kürzlich gefundener und in der österreichischen Wochenzeitschrift *Die Furche* (62. Jg.) vollständig abgedruckter Brief vom 2. März 1938 belegt. Ödön von Horváth bedankt sich darin auf ungarisch: »Mit großer Freude habe ich die gnädigen Zeilen meines hochgeschätzten Herrn und meinen beigelegten Pass entgegengenommen. Ich weiß nicht, wie ich meinen Dank für diese außerordentlichen Bemühungen ausdrücken soll.«[24] Warum Ödön von Horváth in dieser brisanten Situation keinen gültigen Pass hatte, darüber kann man nur spekulieren. Jedenfalls fuhr er vom 13. auf 14. März 1938 mit dem Bus nach Budapest, wo ihn ungarische Freunde zwei Wochen lang aufnahmen. Von dort aus schrieb er am 23. März 1938 seinem besten Freund Franz Theodor Csokor ein aufrichtiges Bekenntnis, das Oskar Maria Graf sicher versöhnlich gestimmt hätte:

> »Gott, was sind das für Zeiten! Die Welt ist voller Unruhe, alles drunter und drüber und doch weiß man nichts Gewisses! Man müsste ein Nestroy sein, um all das definieren zu können, was einem undefiniert im Weg steht! Die Hauptsache, lieber, guter Freund, ist Arbeiten! Und nochmals: Arbeiten! Und wieder: Arbeiten! Unser Leben ist Arbeit – ohne ihr haben wir kein Leben mehr. Es ist gleichgültig, ob wir den Sieg oder auch nur die Beachtung unserer Arbeit erfahren, – es ist völlig gleichgültig, solange unsere Arbeit der Wahrheit und der Gerechtigkeit geweiht bleibt. So lange gehen wir auch nicht unter, so lange werden wir auch immer Freunde haben und immer eine Heimat, überall eine Heimat, denn wir tragen sie mit uns – unsere Heimat ist der Geist. Der Geist, der nichts zu tun hat mit den blöden Schlagworten von Blut und Boden, ... Ich weiss, du denkst wie ich. Sei gegrüsst, mein lieber, bester Freund! Wir sehen uns bald wieder! Ich umarme Dich – Dein Oedön«[25]

---

[24] Ödön von Horváth an Ernö Träger, 2.3.1938. In: *Die Furche*, 62. Jg.
[25] Ödön von Horváth an Franz Theodor Csokor, 23. März 1938. In: Franz Theodor Csokor 1885–1969: *Lebensbilder eines Humanisten*. Wien 1992, S. 159.

Doris Danzer

# Wieland Herzfelde und Oskar Maria Graf: Eine (un-)mögliche Freundschaft

> »Gerade in solchen Augenblicken,
> da alles, auf das man baute, zusammenbricht,
> ist es besonders beglückend, zu erfahren,
> dass es Freundschaft gibt.«
> Ausschnitt aus einem Brief Wieland Herzfeldes
> an Oskar Maria Graf, 8. November 1938

Anliegen dieses Beitrags ist, Entstehung, Entwicklung und Ende der Freundschaft zwischen dem linkspolitisch engagierten, gesellschaftskritischen Schriftsteller Oskar Maria Graf und dem Verleger und KPD-Mitglied Wieland Herzfelde von den frühen 1920er- bis in die 1960er-Jahre zu rekonstruieren. Im Zentrum steht dabei die Frage, wie ein parteiloser und ein parteigebundener Intellektueller die von widerstreitenden Ideologien und politischen Wendepunkten geprägte erste Hälfte des 20. Jahrhunderts durchlebten. Blieb ihre Freundschaft davon unbeschadet oder litt sie darunter? War ihre Beziehung eher von persönlicher Sympathie, von geschäftlichem Interesse oder der Übereinstimmung in politischen Fragen geprägt? Schützten Graf und Herzfelde ihre Freundschaft vor äußeren Einflüssen, indem sie bewusst private von geschäftlichen und politischen Belangen in ihrer Kommunikation trennten? Oder war ihnen das als gesellschafts- und parteipolitisch engagierte Linksintellektuelle unmöglich?

Als zentrale Quellen dienen Grafs und Herzfeldes Briefwechsel aus den Jahren 1933 bis 1963 sowie ihre autobiografischen Aufzeichnungen. Um den Einfluss der politischen Entscheidungen der KPD bzw. SED im Kontext von Exil und »Kaltem Krieg« auf ihr Schreiben und Handeln nachzeichnen zu können, werden im Fall Wieland Herzfeldes auch personenbezogene Akten aus dem SED-Archiv für die Untersuchung herangezogen.[1]

---

[1] An dieser Stelle danke ich George Wyland-Herzfelde und den Mit-

Im Fall Oskar Maria Grafs bilden der Roman *Der Abgrund* und der Bericht *Reise in die Sowjetunion* eine zusätzliche Quellenbasis. Sowohl hinsichtlich Grafs politischer Einstellung zu den Parteien der deutschen Arbeiterbewegung, KPD und SPD, als auch seiner Haltung zu kommunistischen Intellektuellen sind diese literarischen Texte aufschlussreich. Doch bevor diese Quellen nach Art, Dauer und Intensität des persönlichen Verhältnisses zwischen Graf und Herzfelde untersucht werden, stehen grundsätzliche Überlegungen im Vordergrund: Wie kann das Phänomen »Freundschaft« im Rahmen einer historischen Arbeit untersucht werden?

### »Freundschaft« als analytische Kategorie im politischen Kontext

Die Beschäftigung mit »Freundschaft« verursacht ein Dilemma. Das liegt an der ihr eigenen paradoxalen Struktur. Die Literaturwissenschaftlerin Silvia Bovenschen umschreibt sie mit folgenden Worten:

> »Sie kann dem Egoismus entspringen und gleichwohl altruistische Züge tragen (und umgekehrt und beides zugleich), sie kann im gleichen Moment alltäglich und exklusiv sein, sie ist im gleichen Maße intim und nicht-intim, öffentlich und nicht-öffentlich; sie lebt im Vorgriff auf Kontinuität, für die sie aber keinerlei Garantie gibt (Freundschaft ist immer erst, wenn sie schon war), und im Rückgriff auf gemeinsame Erfahrungen, von denen aber nicht sicher ist, daß sie wirklich von den Befreundeten gleich erfahren wurden; es ist ebenso möglich, daß Freundschaft nur auf einem glückhaften Mißverständnis beruht.«[2]

---

arbeiterinnen und Mitarbeitern der Stiftung des Literaturarchivs in der Akademie der Künste in Berlin für Einsicht in ihre Bestände und die Genehmigung zum Abdruck von Zitaten aus unveröffentlichten Briefen Wieland Herzfeldes und Oskar Maria Grafs (Rechte am Werk Oskar Maria Grafs: List Verlag in der Ullstein Buchverlage GmbH, Berlin). Ebenso danke ich der Stiftung des Archivs der Parteien und Massenorganisationen der DDR im Bundesarchiv Berlin für Einsicht in ihre Bestände.

[2] Silvia Bovenschen: *Die Bewegungen der Freundschaft. Versuch einer Annäherung*. In: Dies.: *Schlimmer machen, schlimmer lachen. Aufsätze und Streitschriften*. Hrsg. u. eingel. von Alexander García Düttmann, Frankfurt/Main 1998, S. 34–68, hier S. 35f.

Vor diesem Hintergrund scheint es problematisch, Freundschaft als analytische Kategorie für eine historische Untersuchung zugrunde zu legen. Wie kann Freundschaft für die Nachwelt methodisch greifbar und nachprüfbar sein, wenn sie schon von miteinander befreundeten Zeitgenossen nicht erfasst und begriffen werden kann? Umso komplexer wird dieses Vorhaben, wenn Freundschaften in den Blick genommen werden, die im Umfeld der stark hierarchisch strukturierten, autoritär gelenkten und reglementierten Kommunistischen Partei geschlossen wurden. Wäre es nicht treffender, anstatt von Freundschaft von asymmetrischen Beziehungsstrukturen wie Gefolgschaft oder Kameradschaft auszugehen, damit von einem zweckgebundenen, entindividualisierten und von oben angeleiteten zwischenmenschlichen Verhältnis?[3] Freundschaft gilt schließlich im modernen Sinne als emotionale Beziehung unter Gleichen, als individuell und frei gewählt.[4]

All diese kritischen Einwände haben ihre Berechtigung und müssen berücksichtigt werden. Doch ebenso wie Freundschaft dieses eine und gleichzeitig sein Gegenteil sein kann, darf der Versuch unternommen werden, das Beziehungsgefüge zwischen Kommunisten und Nicht-Kommunisten auf Freundschaften hin zu untersuchen. Schließlich lässt sich, so die diesem Beitrag zugrunde liegende Annahme, das Wesen einer Freundschaft am besten dort herausarbeiten, wo sie an ihre Grenzen stößt. Auch dies stellt Silvia Bovenschen in ihrem essayistischen Annäherungsversuch an das Phänomen Freundschaft fest:

»Die Schwierigkeit, das, was Freundschaft ausmacht, zu fixieren, hat die meisten, die über sie schrieben, dazu bewogen, sich abgrenzender Verfahren zu bedienen, wohl in der Hoffnung, daß sich in der Abgrenzung von der Bekanntschaft, der Verwandtschaft oder der Liebe wenn nicht ein Begriff, so doch wenigstens ein Bild von ihr evozieren ließe.«[5]

[3] Siehe Thomas Kühne: *Kameradschaft. Die Soldaten des nationalsozialistischen Krieges und das 20. Jahrhundert*, Göttingen 2006, hier insbesondere S. 82f.
[4] Vgl. Ursula Nötzoldt-Linden: *Freundschaft. Zur Thematisierung einer vernachlässigten soziologischen Kategorie*, Opladen 1994, hier S. 29-31.
[5] Bovenschen: *Die Bewegungen der Freundschaft*, S. 49f.

Um Freundschaft im Rahmen einer historischen Untersuchung zu rekonstruieren, geht es also zunächst darum, die Begrifflichkeiten hervorzuheben, mit denen zwischenmenschliche Bindungen bezeichnet werden. Anschließend ist wichtig zu unterscheiden, ob es sich um eine Freundschaft oder um ein asymmetrisches, nicht freiwillig gewähltes Beziehungsverhältnis handelt. Dafür müssen Grenzen gesteckt werden, beispielsweise zu Kameradschaft und Gefolgschaft, zu Seilschaft oder einem funktionalen Arbeitsverhältnis, zur Lehrer-Schüler-Beziehung sowie zu Liebesverhältnissen. Diese Analyse nach idealtypischen Kriterien schafft Klarheit über den Charakter der zwischenmenschlichen Beziehung, die untersucht werden soll. Doch auf Grund der paradoxalen Struktur von Freundschaft, und weil letztlich die Akteure selbst bestimmen, was sie unter Freundschaft verstehen, muss in einem dritten Schritt das jeweils individuell definierte Beziehungsverhältnis einer personenbezogenen wie hermeneutisch-textfundierten Analyse unterzogen werden. Hierfür wird die Art und Form der zwischenmenschlichen Beziehung, welche sich im Denken bzw. Schreiben und Handeln der Akteure ausdrückt, beschrieben und in einen zeithistorischen, politischen, kulturellen wie biografischen Kontext eingebettet. Erst auf der Grundlage dieser Ergebnisse lässt sich herausarbeiten, welche Vorstellungen von Freundschaft existieren, welche Erwartungen und Bedürfnisse damit verbunden sind, ob diese individuell auf ein Freundespaar zugeschnitten sind oder sie sich zu einem kollektiven Verständnis von Freundschaft (einer Gruppe, einer sozialen Schicht, einer Parteigemeinschaft) bündeln lassen.

Nicht nur das Wesen einer zwischenmenschlichen Beziehung wird durch die Untersuchung auf Freundschaft deutlich. Eine Analyse, die der Kategorie Freundschaft folgt, kann auch für die Bestimmung von Identität und Charakter einer Person aufschlussreich sein.[6] Mit ihr lassen sich sowohl Kontinuitäten als

---

[6] Ähnliche Erkenntnisse für die Identitätsforschung bieten Analysen, die dem Begriff der Loyalität folgen. Siehe Martin Schulze Wessel: *Loyalität als geschichtlicher Grundbegriff und Forschungskonzept.* In: Ders. (Hrsg.): *Loyalitäten in der Tschechoslowakischen Republik 1918–1938. Politische, nationale und kulturelle Zugehörigkeiten,* München 2004, S. 1–22, hier S. 9f.

auch Widersprüchlichkeiten im Denken und Handeln erkennen, mitunter auch erklären. Sie bietet Einblick in Phasen des Lebens von Akteuren, in denen diese sich von sich und von anderen, beispielsweise durch äußere politische oder soziale Zwänge oder durch das Streben nach Anerkennung und beruflichem Erfolg, entfremdeten, was sich in Meinungsverschiedenheiten zwischen Freunden oder dem Bruch von Freundschaftsbeziehungen widerspiegelt. Das Verhältnis zwischen Oskar Maria Graf und Wieland Herzfelde ist hierfür exemplarisch.

### Entstehung und Entwicklung der Beziehung, 1922 bis 1933

Der genaue Zeitpunkt ihrer ersten Begegnung ist nicht überliefert. In Oskar Maria Grafs Autobiografie *Gelächter von außen* aus dem Jahr 1966 taucht der Name Wieland Herzfelde erstmals im Kontext der Publikation von Grafs Jugenderzählungen auf. Etwa um 1922 habe ihn sein »Freund Wieland«, wie Graf den Leiter des Malik-Verlags dort nannte, in München besucht.[7] Herzfelde zeigte sich interessiert an Grafs Jugendgeschichten und unterbreitete ihm das Angebot, sie zu publizieren. Der Malik-Verlag bestand damals seit fünf Jahren und war dank manch Aufsehen erregender Publikation deutschlandweit bekannt für seine prokommunistischen, gesellschaftskritischen Texte, Zeichnungen und Fotomontagen. Dies kam Grafs Einstellung sehr gelegen: Als Gegner des Ersten Weltkrieges und Anhänger der bayerischen Räterepublik fühlte sich der Bäckergeselle und schriftstellerische Autodidakt von Herzfeldes Angebot überrascht und geehrt zugleich.[8] Bisher hatte Graf vorwiegend Gedichtbände veröffentlichen können. Daher bedeutete es ihm viel, dass mit *Frühzeit* und dem Erzählband *Zur freundlichen Erinnerung* im Jahr 1922 beim Malik-Verlag zum ersten Mal Prosatexte publiziert wurden. Wie sein Biograf Gerhard Bauer urteilt, entwickelte sich Graf seither zu einem souveränen, eigenwilligen Autor.[9]

---

[7] Oskar Maria Graf: *Gelächter von außen. Aus meinem Leben 1918–1933*, München 1980, S. 25. Diese Fassung beruht auf der Erstausgabe des Jahres 1966 im Verlag Kurt Desch, München.

[8] Ebenda, S. 26f.

[9] Siehe Gerhard Bauer: *Oskar Maria Graf. Ein rücksichtslos gelebtes*

Für Herzfelde war Graf ein besonderes schriftstellerisches Talent, der das Leben der »einfachen« Menschen darstellte, und dessen Werke mit seinem sozialkritischen Blick auf die aktuelle Gesellschaft der Weimarer Republik ideal ins Programm des Malik-Verlages passten.[10] Graf sah in Herzfelde seinen literarischen Förderer. Dass bis 1933 nur noch eine Erzählung bei Malik erschien,[11] tat seiner Wertschätzung für den Verlagsleiter keinen Abbruch. Gegenseitiger Respekt und Herzfeldes vertraulicher Umgang mit Graf, der seinem selbst erklärten Motto entsprach, wonach der Autor »sozusagen der Sozius des Verlegers« sei,[12] schufen die Grundlage für ihre freundschaftliche Beziehung. Trotz aller Herzlichkeit war diese aber zunächst vorwiegend professioneller Natur. Ihr persönlicher Briefwechsel setzt erst ein, nachdem sie Deutschland im Frühjahr 1933 verlassen hatten. Doch über die reine Verleger-Autoren-Beziehung hinaus verband die beiden bereits vor ihrer ersten Begegnung Einiges, was später ihre gegenseitige Sympathie beförderte sowie zur Übereinstimmung in politisch-moralischen Fragen führte.

Nur zwei Jahre Altersunterschied trennen die beiden: 1894

    *Leben*, München aktualisierte Aufl. 1994, S. 158f. Alle im Folgenden genannten Daten zu Graf gehen, soweit nicht anders angegeben, auf diese Biografie zurück.

[10] Wie gut Grafs volksnahe Betrachtung und Sprache zu Malik passte, wird in Herzfeldes Ansprache zum zehnjährigen Verlagsjubiläum deutlich: »Ohne Zaudern ›produzierten‹ wir — Wechsel auf Wechsel. Übrigens mit reinem Gewissen. Denn wir gaben dem Volke wieder, was des Volkes war: die Werke von George Grosz, Upton Sinclair, Franz Jung, Bücher von O. M. Graf, K. A. Wittfogel, Gumbel, Leonhard Frank, Dos Passos, Barbusse, alles zu niedrigsten Preisen.« Siehe Wieland Herzfelde: *Zehn Jahre Malik-Verlag. Aus einer Ansprache des Verlegers anläßlich der Feier.* In: Ders.: *Zur Sache geschrieben und gesprochen zwischen 18 und 80*, Berlin-Weimar 1976, S. 128–132, hier S. 131.

[11] Die Erzählung »Der Mittler« in: Wieland Herzfelde (Hrsg.): *Dreissig Erzähler des neuen Deutschland. Junge deutsche Prosa*, Berlin 1932, S. 593-616.

[12] Wieland Herzfelde: *Das deutsche Buch ist zu teuer*. In: *Die Weltbühne 33* (Jg. 24/14. August 1928), S. 245–249, hier S. 246; zit. nach Germaine Stucki-Volz: *Der Malik-Verlag und der Buchmarkt der Weimarer Republik*, Bern u. a. 1993, S. 124.

wurde Oskar Maria Graf geboren, Wieland Herzfelde im Jahr 1896. Beide stammen aus ärmlichen, ländlichen Verhältnissen, beide verließen schon früh ihr Elternhaus. Im Alter von 17 Jahren floh Graf vor dem strengen Regiment seines ältesten Bruders nach München. Im selben Alter zog Herzfelde zu seinem fünf Jahre älteren Bruder Helmut nach Berlin, der dort an der Kunst- und Handwerkerschule studierte.[13] In der Großstadt schlossen sich beide den dortigen Bohème-Kreisen rund um expressionistische, gesellschaftskritische Dichter, Publizisten und Künstler an. Sie schufen sich ein Netz von geistigen, künstlerischen und materiellen Förderern und Gleichgesinnten. Zentrale Vorbilder und Unterstützer Grafs waren der sozialistische Schriftsteller Erich Mühsam und der Dichter Rainer Maria Rilke. Auch das Denken und die Werke Gustav Landauers und Leo Tolstois prägten ihn. Wieland Herzfelde knüpfte in Berlin engen Kontakt zu den expressionistischen Schriftstellern Else Lasker-Schüler und Theodor Däubler, aber auch Johannes R. Becher gehörte zu seinem damaligen Bekanntenkreis. Was Oskar Maria Graf die Beziehung zum Maler Georg Schrimpf bedeutete, den er seit etwa 1912 kannte, sah Wieland Herzfelde in seinem Bruder Helmut[14] und dem Maler und Zeichner George Grosz. Im Jahr 1915 hatte er Grosz kennen gelernt. Seither beeinflussten sie ihren künstlerischen, literarischen und publizistischen Werdegang gegenseitig.[15]

Graf wie Herzfelde nahmen am Ersten Weltkrieg teil, verweigerten aber schon nach kurzer Zeit den Dienst: Im Jahr 1916 wurde Graf wegen Ungehorsams in eine Irrenanstalt eingewiesen und als untauglich aus der Armee entlassen, Herzfelde ein Jahr später, nachdem er desertiert war. Beide arbeiteten in die-

---

[13] Siehe Michael Töteberg: *John Heartfield in Selbstzeugnissen und Bilddokumenten*, Reinbek bei Hamburg 1978, S. 14.
[14] Helmut Herzfeld anglisierte seinen Namen während des Ersten Weltkrieges aus Protest gegen die damals in der deutschen Bevölkerung verbreitete anti-britische Stimmung. Er nannte sich seither John Heartfield. George Grosz tat es ihm gleich. Sein eigentlicher Name war Georg Ehrenfried Groß.
[15] Wieland Herzfelde: *George Grosz, John Heartfield, Erwin Piscator, Dada und die Folgen oder Die Macht der Freundschaft*. In: Ders.: *Zur Sache*, S. 430–467, hier S. 438f.

sen Jahren an expressionistischen, anarchistischen und kriegskritischen Zeitschriften mit, darunter an jenen Organen, die ihr gemeinsamer Bekannter Franz Jung herausgab bzw. mitgestaltete: *Die Freie Straße* und die *Aktion*. Im Jahr 1916 gab Wieland Herzfelde die *Neue Jugend*, seine erste eigene Zeitschrift heraus, die allerdings schon nach wenigen Monaten ihr Erscheinen einstellen musste. Daraufhin gründete er 1917 gemeinsam mit George Grosz und seinem Bruder den Malik-Verlag.

Herzfelde und auch Graf waren begeistert von den Streikaktionen und revolutionären Erhebungen des Jahres 1918. Wieland Herzfelde unterstützte sie durch die Publikation von Artikeln, in denen Monarchie, Militär, Bürgertum und die sozialdemokratische Regierung der noch jungen Weimarer Republik gleichermaßen kritisiert wurden. Oskar Maria Graf beteiligte sich als Zensor für die bürgerliche Presse an der Räterepublik in Bayern. Beide wurden für ihr politisches Engagement kurzzeitig inhaftiert: Herzfelde im März 1919, Graf im Mai dieses Jahres nach der Niederschlagung der Räterepublik. Beide kamen durch den Einsatz ihrer Gönner frei.[16]

Während Wieland Herzfelde nach seiner kurzzeitigen Teilnahme an der politisierten Berliner Dada-Bewegung im Jahr 1920 seinen Verlag erfolgreich zu einem Sprachrohr der linksintellektuellen, gesellschaftskritischen Publizisten, Sozialwissenschaftler, Schriftsteller und Künstler ausbauen konnte, brach Oskar Maria Graf mit dem Expressionismus und versuchte sich als Dramatiker. Die Begegnung mit Herzfelde verschaffte ihm die erste Publikation autobiografischer Prosatexte und ebnete seinen Weg, zu einem der bekanntesten sozialkritischen deutschsprachigen Volksschriftsteller zu werden.

Trotz dieser Gemeinsamkeiten in ihrer Sozialisation trennte Graf und Herzfelde ein entscheidender Punkt: das parteipolitische Engagement. Graf war zwar stets bereit, an einzelnen Aktionen, beispielsweise im Rahmen der bayerischen Räterepublik, mitzuwirken und stellte sich in den 20er-Jahren der »Roten Hilfe« als Redner und Rechtsberater zur Verfügung, stand aber

---

[16] Für Herzfelde setzte sich der befreundete Kunstsammler, Diplomat und Essayist Harry Graf Kessler ein, für Graf Rainer Maria Rilke und Professor Roman Woerner.

Organisationen generell skeptisch gegenüber. Dem entsprach seine frühe Begeisterung für den Anarchismus. Als »Endziel einer anarchistischen Weltveränderung«« schwebte ihm die »Aufteilung der ganzen Staaten in Bünde, Interessengemeinschaften, Gemeinden, Siedelungen, Basis, Beziehung von Mensch zu Mensch« vor. »Es ginge so: Man müßte sich die Menschen suchen ohne Mitgliedsliste, einfach durch Bekanntschaft. Es wäre ernsteste Aufgabe, sich mit jedem Einzelnen ganz zu befassen, als ob man einen Freund suchte«, so Graf in seinem *Brief an einen jungen Menschen* aus der Revolutionszeit.[17] Später sah er sich als überzeugter Sozialist. Zwar stand er der KPD näher als jeder anderen Partei, wäre aber nie bereit gewesen, sich ihr in dem Maße ein- bzw. unterzuordnen, wie er es bei vielen seiner kommunistischen Freunde beobachtete. Über die Mitgliedschaft im »Schutzverband deutscher Schriftsteller« (SDS) und einzelne Lesungen vor dem »Bund proletarisch-revolutionärer Schriftsteller« (BPRS) im Jahr 1930 ging seine institutionelle Einbindung nicht hinaus. Er war und blieb der »Sympathisant aus der Ferne«.[18]

Wieland Herzfelde hingegen, der sowohl Mitglied im SDS als auch im BPRS war, wollte vor allem im Rahmen einer politischen Organisation den revolutionären Wandel der deutschen Gesellschaft aktiv mitgestalten. In einem spontanen Akt jugendlichen Draufgängertums und künstlerischer Experimentierfreude trat er gemeinsam mit seinen damaligen Künstlerfreunden Grosz, Erwin Piscator und seinem Bruder am Silvesterabend des Jahres 1918 der soeben in Berlin gegründeten Kommunistischen Partei Deutschlands bei.[19] Sie waren zwar kaum mit marxistischen Theorien vertraut, doch verlangten sie nach Sinnstiftung im Rahmen einer politischen Gemeinschaft. Diese sahen sie in der KPD gegeben. An dieser Haltung hielt Wieland Herzfelde auch in den folgenden Jahren fest, obwohl die Partei ihm und seinem Verlag nicht immer wohl gesonnen war und sich

---

[17] Zit. nach Bauer: *Oskar Maria Graf*, S. 100.
[18] Ebenda.
[19] Vgl. die Schilderung des KPD-Beitritts in: Herzfelde: *George Grosz, John Heartfield, Erwin Piscator, Dada und die Folgen oder Die Macht der Freundschaft*, S. 450.

in verlagsinterne Angelegenheiten einmischte. Konflikte mit der Literaturkritik parteieigener Zeitungen[20] sowie mit der Parteileitung focht er in den 20er- und frühen 30er-Jahren zwar selbstbewusst aus[21], sie hinterließen jedoch deutliche Spuren in seinem Selbstverständnis und Vertrauen in die Beschlüsse der Parteiführung.[22] Letztlich ordnete er sich ihnen aber doch immer unter.[23]

### Exiljahre – Freundschaftsjahre, 1933–1949

Nach ihrem Weggang aus Deutschland im Frühjahr 1933 führte der Moskauer Schriftstellerkongress Graf und Herzfelde im Sommer 1934 wieder zusammen. In seinem Reisebericht erinnerte sich Graf an ihr Wiedersehen im Hotel Metropol:

> »Ich sah altbekannte Gesichter, die mir laut zulachten: »Ah, der Graf! Der Graf! Oskar, Servus! Hallo, komm her! Servus in Moskau!« Wieland Herzfelde, F. C. Weiskopf, Hans Becher und Willi Bredel winkten mir. Ich breitete glücklich die Arme aus und ging auf sie zu. Eine jähe Munterkeit schoß in mir auf. Ich spürte, ich war wieder daheim: Unter Menschen! [...] Da sahen wir uns also alle wieder, wir ehema-

---

[20] Zur »Kunstlump-Debatte«, ausgelöst durch Heartfield und Grosz und erwidert im KPD-Organ *Die Rote Fahne*, siehe Rüdiger Safranski/Walter Fähnders: *Proletarisch-revolutionäre Literatur*. In: *Literatur der Weimarer Republik 1918–1933*. Hrsg. von Bernhard Weyergraf [Hansers Sozialgeschichte der deutschen Literatur vom 16. Jahrhundert bis zur Gegenwart, Bd. 8], München 1995, S. 174–231, hier S. 183ff.

[21] Eine Auflistung der Auseinandersetzungen zwischen der KPD mit dem Malik-Verlag findet sich bei Stucki-Volz: *Der Malik-Verlag*, S. 177–194.

[22] Dokumentiert sind diese Zweifel in: Wieland Herzfelde: *Tagebuch eines Laien*. Meran 30./31. März und 25. April 1926. Hrsg. von Ulrich Faure und Juergen Seuss, Assenheim 1996.

[23] So verbot ihm die KPD beispielsweise, den Standort des Malik-Verlags in den frühen 30er-Jahren ins Ausland zu verlagern. Damit wollte Wieland Herzfelde frühzeitig einem möglichen Publikationsverbot und einer Beschlagnahmung der Verlagsbestände durch die Nationalsozialisten entgehen. Denn im rasanten Machtzuwachs der NSDAP seit Ende der 20er-Jahre sah er eine ernste Gefahr für die linksintellektuelle Kultur Deutschlands. Vgl. Stucki-Volz: *Der Malik-Verlag*, S. 187.

ligen Bohémiens, wir intellektuellen Revolutionäre aller Schattierungen, wir verschwiegenen Romantiker, wir Abenteurer im Geist und heimlichen Spießbürger im Leben, wir versprengten, wir verfemten, emigrierten Schriftsteller, die der Hitlerismus in alle Windrichtungen der Welt verschlagen hatte!«[24]

Nicht nur die Freude über die Begegnung mit alten Weggefährten ließen Graf und Herzfelde enthusiastisch werden. Auch die Konzeption dieses Allunionskongresses entsprach ihren lang gehegten Wünschen. Neben zahlreichen kommunistischen Schriftstellern aus allen Ländern waren auch parteilose vertreten, darunter Klaus Mann und Ernst Toller. Ein Jahr nach der Machtübernahme Adolf Hitlers in Deutschland und der Emigration von verfolgten Sozialdemokraten, Kommunisten und Linksintellektuellen bot ihnen der Kongress in Moskau ein Forum, um auf ihr Schicksal aufmerksam zu machen. »Nirgendwo sonst hätten meine mitverfemten, mitemigrierten, ausgebürgerten deutschen Kameraden solche Reden halten können«, meinte Graf und fügte hinzu: »Es waren Reden der Bedrängnis und der Freundschaft, sehr unterschiedlich und nicht immer ausgesprochen gescheit, aber mitunter [...] von fast ergreifender Überzeugungskraft.«[25] Zudem gab der Kongress nach außen das Signal für einen Umschwung in der kommunistischen Partei- und Literaturpolitik. Waren bislang Sozialdemokraten, Linksliberale und Parteilose ausgegrenzt, mitunter sogar scharf attackiert worden, kündigte sich nun ein Zusammenschluss aller Hitler-Gegner an, den Graf und Herzfelde ausdrücklich begrüßten. Schon im September 1933 hatten sie in der ersten Nummer der literarischen Exilzeitschrift *Neue deutsche Blätter* (NDB) proklamiert: »Wir werden alle – auch wenn ihre sonstigen Überzeugungen nicht die unseren sind – zu Wort kommen lassen, wenn sie nur gewillt sind, mit uns zu kämpfen.«[26] Sie wollten die literarische und politische Emigration vom Schock der nationalsozialistischen Machtübernahme sowie von alten

---

[24] Oskar Maria Graf: *Reise in die Sowjetunion 1934*. Hrsg. von Hans-Albert Walter, Darmstadt und Neuwied 1974, S. 26.
[25] Ebenda, S. 42.
[26] Die Redaktion: *Rückblick und Ausblick*. In: *Neue Deutsche Blätter* 1 (1. Jg/1933), S. 2.

parteipolitischen Grabenkämpfen befreien und ihr neue Impulse geben. »Wer schreibt, handelt«, so der programmatische Appell im Vorwort des ersten Heftes.[27] Doch zur Verwirklichung dieses Mottos legte ihnen die Kommunistische Partei einige Steine in den Weg.

Trotz des verheißungsvollen Starts und des internationalen Interesses bei Autoren und Lesern waren die NDB wie der »Malik-Verlag«, den Herzfelde in seinem Prager Exil fortführte, chronisch unterfinanziert. Mehrmalige Bittbriefe konnten weder erwirken, dass die Komintern einer externen Finanzierung durch tschechoslowakische Geldgeber, noch einer direkten Unterstützung zustimmte.[28] Daher mussten die NDB im August 1935 ihr Erscheinen einstellen – zum Bedauern vieler Autoren und zur Entrüstung Oskar Maria Grafs. Im Gegensatz zu seinem Redaktionskollegen Wieland wählte er deutliche Worte, um dem kommunistischen Kulturfunktionär Johannes R. Becher vorzuwerfen, dass man in Moskau die Schwierigkeiten der Herausgeber nicht nur ignoriert, sondern sie »mit Findigkeit und mit einem gewissen heiteren Sinn ruhig zu Tode geschulmeistert« habe.[29]

Weitere Probleme entstanden dem engagierten Verleger-Autoren-Duo mit Grafs Roman *Der Abgrund*, den dieser im Sommer 1934 in seinem Exilort, dem tschechoslowakischen Brünn, fertig gestellt hatte. Darin verarbeitete er die unmittelbare politische Situation der Jahre 1933/34 und interpretierte sie als Niederlage der Arbeiterparteien Deutschlands und Österreichs gegen die Faschisten. Obwohl sich Graf seit Beginn des Exils der KPD angenähert hatte, weshalb ihn der Kulturfunktionär Becher auch als Sprachrohr für die Partei unter den in Österreich emigrierten Schriftstellern gewinnen wollte,[30] verurteilte er in seinem

[27] Ebenda, S. 1.
[28] Siehe Dieter Schiller: *Über Ottwalt, Herzfelde und den Bund proletarisch-revolutionärer Schriftsteller in Prag. Studien und Dokumente* [Pankower Vorträge, Heft 44], Berlin 2002.
[29] Brief, Oskar Maria Graf an Johannes R. Becher, Brünn, 28. März 1936, in: *Briefe an Johannes R. Becher, 1910–1958*. Hrsg. von Rolf Harder, Berlin-Weimar 1993, S. 86-91, hier S. 87.
[30] Siehe Johannes R. Becher: *Bericht über die Tätigkeit während meiner Reise vom 5. Juli bis 27. September 1933*. In: *Zur Tradi-*

Roman die Funktionäre von SPD und KPD gleichermaßen. Sie seien blauäugig und unfähig gewesen, sich zusammenzuschließen und hätten damit den Sieg der Faschisten ermöglicht, so sein Fazit. Angesichts der Schärfe dieser Argumentation fiel es Graf schwer, einen Verlag für den *Abgrund* zu finden. Schließlich erklärte sich Wieland Herzfelde dazu bereit. Doch hatte er schon seit Verlagsneugründung mit finanziellen Engpässen und gesetzlichen Bestimmungen in seinem Gastland zu kämpfen: Da ihm die Führung seines Verlagsgeschäftes in der Tschechoslowakei verboten wurde, war London seit 1934 offizieller Sitz des Malik. Außerdem hatte er mit der »Verlagsgenossenschaft ausländischer Arbeiter« (VEGAAR) in Moskau vereinbart, dort ein gewisses Kontingent an Manuskripten drucken zu lassen. Beide Bestimmungen sowie Grafs schonungsloses Urteil über die Parteien der Arbeiterbewegung erschwerten nun die Publikation. Verantwortliche Funktionäre der Komintern – nicht die Sowjetunion, sondern Herren aus dem »Zentralkomitee der Deutschen KP«, wie Graf vermutete[31] – verzögerten die Veröffentlichung des *Abgrund*. Erst 1936 erschien der Roman in deutscher Sprache im Malik-Verlag London.

Auf Graf wirkte diese Angelegenheit ernüchternd. In einem Brief an den Freund Kurt Rosenwald vom 16. Dezember 1935 legte er dar: »Ich sehe in dieser Art von ›Gleichschaltung‹ eine schreckliche Ähnlichkeit mit der deutschen und ich sehe, daß man auf all den Kongressen der linken Schriftsteller nur gelogen hat!«[32] Auch für Wieland Herzfelde, der derartige Bevormundungen bereits mehrmals erlebt hatte, war sie bedauerlich. Doch weder ließ der eine von seiner Sympathie für die Sowjetunion und den Sozialismus ab, noch trennte sich der andere von der Partei. Auch die Moskauer Schauprozesse der Jahre 1936 bis 1938, die Gerüchte um Verhaftungen deutscher Kommunisten in der Sowjetunion und der Hit-

---

*tion der sozialistischen Literatur in Deutschland. Eine Auswahl von Dokumenten*, Berlin 2. erw. Aufl. 1967, S. 570-590, hier S. 572f.

[31] Siehe Brief, Oskar Maria Graf an Kurt Rosenwald, 26. Januar 1936. In: Gerhard Bauer/Helmut F. Pfanner (Hrsg.): *Oskar Maria Graf in seinen Briefen*, München 1984, S. 99f., hier S. 99.

[32] Brief, Oskar Maria Graf an Kurt Rosenwald, 16. Dezember 1935. In: Bauer/Pfanner: *Oskar Maria Graf in seinen Briefen*, S. 96-99, hier S. 97.

ler-Stalin-Pakt vom Sommer 1939 lösten keinen Meinungswandel aus. In einer immer schwieriger werdenden Exilsituation wollten Graf und Herzfelde Hoffnung und Gemeinschaft nicht verlieren. Stattdessen intensivierten sie ihren Kontakt.

Von Freundschaft und der Sorge um einander ist in ihren Briefen erst dann die Rede, als Oskar Maria Graf bereits in New York lebte. Mit dem Anschluss Österreichs an das Deutsche Reich im März 1938 hatte er die Gefahr eines Einmarsches der deutschen Wehrmacht in die Tschechoslowakei vorhergesehen[33] und sich um eine neue Exilstätte bemüht. Mit Unterstützung durch zwei in den USA lebende Geschwister und die »American Guild for German Cultural Freedom« gelang ihm Ende Juli 1938 gemeinsam mit seiner Lebensgefährtin, der Jüdin Mirjam Sachs, die Einreise in die USA. Seither bemühte er sich, Wieland Herzfelde zu überzeugen, es ihnen gleichzutun. Zunächst lockte er ihn mit der Aussicht auf ideale Arbeitsbedingungen: »[...] es wäre ein weites und – wie ich fest überzeugt bin – sehr ergiebiges Feld für Dich, Wieland.«[34] Grafs Ratschläge waren nicht uneigennützig. Seit seiner Ankunft in New York hatte er Mühe, als deutschsprachiger Autor Geld zu verdienen und war daher interessiert, die Arbeitsgemeinschaft mit Wieland Herzfelde neu zu beleben. Doch auch die herzliche Geselligkeit des Ehepaares Herzfelde vermisste er in den USA: »Ach, liebe, liebe Freunde, wann werden wir wieder so gemütlich zusammenhocken wie einst im unvergesslichen Prag und Brünn! Man hat das hier nötiger als je!«.[35] Mit der Zuspitzung der Krise um die sudetendeutschen Gebiete ab Sommer 1938 sorgte er sich schließlich um das Wohl der Herzfeldes: »Ihr könnt Euch denken, dass wir hier aufs äusserste gespannt und beunruhigt Radio und Presse verfolgen und immerzu an Euer Schicksal denken«, teilte Graf ihnen in einem Brief Mitte September 1938 mit.[36]

---

[33] Siehe Hans-Albert Walter: *Deutsche Exilliteratur: 1933–1950*, Bd. 2, Stuttgart 1984, S. 22f.
[34] Brief, Oskar Maria Graf an Wieland Herzfelde, 17. September 1938. In: Wieland-Herzfelde-Archiv, Stiftung Archiv der Akademie der Künste, Berlin (im Folgenden abgekürzt als SAdK), Sign. 585.
[35] Brief, Oskar Maria Graf an Wieland Herzfelde, 13. Januar 1939. In: Wieland-Herzfelde-Archiv, SAdK, Sign. 585.
[36] Brief, Oskar Maria Graf an Wieland Herzfelde, 17. September 1938.

Wieland Herzfelde zögerte lange, bis er sich zur Ausreise entschloss. Erst als mit dem Münchner Abkommen vom 30. September 1938 die Situation für die deutschsprachigen Emigranten in der Tschechoslowakei plötzlich lebensbedrohlich wurde, bat er Graf um Hilfe für sich und seine Familie sowie für zahlreiche befreundete Kollegen. Graf gab ihm in seinen Antworten zu verstehen, alles zu tun, was in seiner Macht stünde. Eindringlich wies er aber erneut darauf hin, dass die USA für Herzfelde das einzig mögliche Reiseziel seien und dass er sich über Unterkunft und Verpflegung vorerst keine Sorgen machen solle: »Am wichtigsten wäre es, wenn Du ohne Dich auch nur irgendwie zu besinnen und ohne irgendwelche Rücksichten unbedingt und schnellstens hierherkämst!!!«[37] »Habe keine Bange – bei [Ernst] Bloch kannst Du anfangs wohnen und bei der Zentralbuchhandlung liegt auch einiges Geld für Dich, das ich zurückzuhalten bat.«[38]

Grafs Einsatz hatte Erfolg. Anfang November 1938 dankte ihm Wieland Herzfelde von seinem Aufenthaltsort in der Schweiz aus für sein solidarisches und rasches Handeln und fügte hinzu: »Du hast uns mit Deinen beiden Briefen grosse Freude gemacht. Gerade in solchen Augenblicken, da alles, auf das man baute, zusammenbricht, ist es besonders beglückend, zu erfahren, dass es Freundschaft gibt.«[39] Nach Zwischenstationen in Paris und London kamen er, seine Frau Gertrud und der Sohn George Ende April 1939 in New York an. Seither hielten Graf und Herzfelde an ihrer Freundschaft fest, die sie in der Not des Exils und der Flucht aus der Tschechoslowakei geschlossen hatten. In ihren Briefwechseln tauschten sie sich über die Intrigen unter den deutschsprachigen Literaten im amerikanischen Exil aus, organisierten Treffen ihrer Familien und trösteten sich über finanzielle Sorgen hinweg. Obwohl Oskar Maria Graf sich nur ungern Organisationen anschloss, war er stets an erster Stel-

In: Wieland-Herzfelde-Archiv, SAdK, Sign. 585.
[37] Brief, Oskar Maria Graf an Wieland Herzfelde, 5. Oktober 1938. In: Wieland-Herzfelde-Archiv, SAdK, Sign. 585.
[38] Brief, Oskar Maria Graf an Wieland Herzfelde, 7. November 1938. In: Wieland-Herzfelde-Archiv, SAdK, Sign. 585.
[39] Brief, Wieland Herzfelde an Oskar Maria Graf, 8. November 1938. In: Wieland-Herzfelde-Archiv, SAdK, Sign. 585.

le dabei, wenn Wieland Herzfelde ein neues Verlagsprojekt ins Leben rief. Er war Mitglied im Freundeskreis »Tribüne«, einem Zusammenschluss emigrierter deutschsprachiger Autoren in den USA; und gehörte zu den Begründern des Aurora-Verlages im Jahr 1944, den Herzfelde bis 1947 ehrenamtlich leitete.

## Entfremdung und Bruch, 1949 bis 1963

Ab 1946 bemühte sich Wieland Herzfelde um die Rückkehr nach Deutschland. Doch erst 1948 wurde sie ihm mit der Aussicht auf eine Stelle als Professor für Literatur in Leipzig, nicht aber als Verleger, gewährt. Graf verfolgte Herzfeldes Ausreisebemühungen in die sowjetisch-besetzte Zone mit Skepsis. Dem befreundeten Ehepaar Else und Gustav Fischer berichtete er, dass ihn alle, die nun in die »Ostzone« abwanderten, ebenfalls zur Ausreise überreden wollten. »Zu mir sagten sie: ›Du brauchst nur ›Ja‹ sagen und alles wird sofort gemacht!‹ Ich aber sagte ›Nein‹, denn ich will ein unabhängiger Mensch bleiben und schreiben und denken und handeln, wie mir meine Eingebung sozusagen ›befiehlt‹.« Zudem ekele ihn »alles in dieser Abwanderung«: Es entspräche weder seiner Vorstellung von »Heimgehen« noch von Sozialismus, dass sich seine kommunistischen Freunde ihre Koffer mit Nahrung und Kleidung voll gepackt hätten und sie alle Professorenstellen in Leipzig und eine Villa zugesprochen bekämen, »während die Studenten und das Volk um sie herum darbt und hungert!!«[40]

In seinen Briefen an Wieland Herzfelde ist von diesen Vorbehalten allerdings nicht die Rede. Zwar verheimlichte Graf nicht, dass er sich eine Rückkehr in ein geteiltes Deutschland nur schwer vorstellen könne, dankte dem Freund aber, dass dieser sich um die Publikation seiner Werke in west- wie ostdeutschen Verlagen bemühte. Anfang 1952 kam er angesichts seiner nach wie vor beschwerlichen Lebenssituation in New York sogar zu dem Schluss: »Ich meine immer, es war geradezu Deine Rettung in jeder Hinsicht, dass Du nach Leipzig und zu Deiner jetzigen

---

[40] Brief, Oskar Maria Graf an Else und Gustav Fischer, 1. Juni 1948. In: Bauer/Pfanner: *Oskar Maria Graf in seinen Briefen*, S. 209–211, hier S. 210f.

Tätigkeit gekommen bist, hier wärest Du irgendwie vernebelt, wie so viele, die noch hier sind.«[41]

Offenbar hatte ihm Wieland Herzfelde bis zu diesem Zeitpunkt nicht von seinen Schwierigkeiten in der DDR berichtet. Denn weder sein Parteiausschluss im Jahr 1951,[42] noch die Gängelungen durch SED-Funktionäre während seiner Lehrtätigkeit in Leipzig sind Themen seiner Briefe an Graf.[43] Stattdessen gab sich Herzfelde stets optimistisch, was ein Zusammenwachsen der beiden deutschen Staaten anging, und nahm die junge DDR in Schutz, wenn sich Graf über das Kommunikationsverhalten dortiger Verlage ärgerte. Auch Gedichte für die Friedensbewegung schrieb er in diesen Jahren. Dass sie Graf nicht gefielen, wie dieser offen gestand, nahm ihm Herzfelde nicht übel.

Entfremdungen waren zu dieser Zeit für viele Exilfreundschaften, die durch den Ost-West-Konflikt getrennt waren, spürbar. Auch in Herzfeldes und Grafs Briefen werden sie thematisiert. So bat Herzfelde im Jahr 1954, alle Bekannten in New York zu grüßen, »die noch Freunde sind«.[44] Wiederholt berichteten sie einander über ihr gestörtes Verhältnis zu alten, gemeinsamen Freunden und freuten sich umso mehr, dass ihre Verbindung nach wie vor bestand – bis Graf 1963 in der Zeitschrift *Sinn und Form* die Widmung las, die Herzfelde zu Walter Ulbrichts 70. Geburtstag verfasst hatte:[45] Darin schilderte Herzfelde eine Begegnung zwischen ihm, Graf und Ulbricht in seiner Prager Wohnung in den 30er-Jahren. Anlass war die Überarbeitung des Manuskrip-

---

[41] Brief, Oskar Maria Graf an Wieland Herzfelde, 12. Januar 1952. In: Wieland-Herzfelde-Archiv, SAdK, Sign. 585.

[42] Wegen Verbindungen zum angeblichen US-amerikanischen Spion Noel Haviland Field wurde Wieland Herzfelde 1951 aus der SED ausgeschlossen. Dieser Ausschluss blieb bis zur Rehabilitierung Fields bestehen. Erst im Jahr 1956 galt Herzfelde wieder als KPD- bzw. SED-Mitglied seit 1918.

[43] Siehe Kaderakte Wieland Herzfelde. In: Stiftung des Archivs der Parteien und Massenorganisationen der DDR im Bundesarchiv Berlin (SAPMO-BArch), Sign. DY 30/IV 2/11/v. 4504.

[44] Brief, Wieland Herzfelde an Oskar Maria Graf, 7. September 1954. In: Wieland-Herzfelde-Archiv, SAdK, Sign. 585.

[45] Siehe Wieland Herzfelde: *In Prag*. In: *Sinn und Form*, Heft 2 und 3 (15 Jg./1963), S. 168f.

tes von Grafs *Abgrund*. In Herzfeldes Erinnerung habe Ulbricht die Diskussion nicht nur durch kritische Fragen und Einwände hinsichtlich der Darstellung historischer Ereignisse belebt, sondern auch sprachliches und literarisches Interesse gezeigt. Seine Hochachtung für Schriftsteller sei ihm damals zum ersten Mal aufgefallen. Die Erklärung aber, um welche Meinungsverschiedenheiten es im Gespräch um den *Abgrund* ging, blieb er schuldig. Das habe er vergessen, schrieb Herzfelde ausweichend.

Diese Bemerkung muss Graf empört haben. Schließlich war er überzeugt, dass die um zwei Jahre verzögerte Veröffentlichung seines Romans auf die Blockadehaltung deutscher KPD-Funktionäre zurückging, zu denen auch Walter Ulbricht gehörte. In seinem Brief vom 19. Oktober 1963 protestierte er daher energisch gegen Herzfeldes Darstellung. Es sei »ganz offen unwahr«, dass er mit Ulbricht im Malik-Verlag das Manuskript des *Abgrund* diskutiert habe. Er bezeichnete den Geburtstagsglückwunsch an Ulbricht als »zynische Liebedienerei«, als »tief verlogen« und »ekelhaft kriecherisch« und sah in Herzfeldes »Huldigung« die gemeinsamen Ideale ihrer Freundschaft verraten. »Mann, Wieland, haben wir denn deswegen gegen Hitler gestanden und dessen Verhimmelung durch seine üblen Trabanten stets gebrandmarkt, um nun genau dasselbe unter Ulbricht zu betreiben?? [...] Du wirst begreifen, daß damit unsere alte Kameradschaft aufgehört hat.«[46]

Graf blieb bei dieser Entscheidung. Daran änderte auch Herzfeldes Brief von Anfang November 1963 nichts, mit dem er Graf zu beschwichtigen suchte. Über die Aufgabe der DDR im deutsch-deutschen Verhältnis herrsche zwischen ihnen zwar eine »wirkliche Differenz«. Aber über den Wert ihrer Zusammenarbeit im Exil und ihr »Streben nach einer menschenwürdigeren, friedlichen Zukunft« seien sie sich doch einig. Und die Begegnung mit Ulbricht habe Graf einfach vergessen.[47] Mit diesem Brief endete ihre langjährige Freundschaft.

---

[46] Brief, Oskar Maria Graf an Wieland Herzfelde, 19. Oktober 1963. In: Bauer/Pfanner: *Oskar Maria Graf in seinen Briefen*, S. 318f.
[47] Brief, Wieland Herzfelde an Oskar Maria Graf, 8. November 1963. In: Wieland-Herzfelde-Archiv, SAdK, Sign. 585. Ob diese Unterredung tatsächlich stattfand, lässt sich weder belegen noch bestreiten.

## Fazit

Dieser abrupte Freundschaftsbruch verlangt nach Erklärungen. Warum wurde für Oskar Maria Graf nach Jahren der Toleranz die Parteitreue seines Freundes Wieland plötzlich untragbar? Warum stellte er wegen Herzfeldes Widmung an Walter Ulbricht ihre bisherige Freundschaftsbeziehung gänzlich in Frage, anstatt nach einer Aussöhnung zu suchen?

Ein möglicher Grund wäre, dass Graf die Erinnerung an die aus politischen Gründen lang hinausgezögerte Publikation des Romans »Der Abgrund« nach fast 30 Jahren immer noch schmerzte. Vor allem die Charakterisierung Ulbrichts als literaturinteressierten und -fördernden Parteifunktionär könnte ihn gekränkt haben. Von Ulbrichts Kunstverstand war Graf nämlich ganz und gar nicht überzeugt. Seiner Meinung nach war der Druck des »Abgrund« nicht aus literarischen Gründen verschoben worden, sondern weil sich die KPD einer selbstkritischen Auseinandersetzung mit den Ursachen der nationalsozialistischen Machtübernahme entziehen wollte. Bis in die 1960er-Jahre hielten die kommunistischen Funktionäre daran fest. Denn in der DDR wurde *Der Abgrund* nie veröffentlicht. Doch von seinen politischen Urteilen über die Weimarer Sozialdemokratie war Graf später selbst nicht mehr überzeugt. Daher modifizierte er sie im Rahmen einer Überarbeitung des »Abgrund« in den 60er-Jahren. 1976 erschien die neue Fassung unter dem Titel *Die gezählten Jahre* in der Bundesrepublik.

Auch ideologische Gründe könnten ihn zur Aufkündigung der Freundschaft mit Wieland Herzfelde bewogen haben. Möglicherweise erschienen ihm ihre politischen Meinungsverschiedenheiten über Ulbrichts Herrschaftsstil seit dem Mauerbau im August 1961 unüberwindbar. Graf verurteilte den Personenkult generell, egal ob es sich dabei um die Verehrung des Führers einer kommunistischen oder faschistischen Partei handelte. Für Herzfelde bestand hierin jedoch ein entscheidender Unterschied. Trotz Parteiausschluss und Gängelungen im Beruf hielt er an der Überzeugung fest, dass der Sozialismus der DDR die bessere Gesellschaft repräsentiere und seine politische Führung unterstützt werden müsse. Allerdings waren ideologische Vorbehalte kein Grund für Graf, die Publikation seiner Werke in der DDR zu unterbinden oder literarische Auszeichnungen von dort abzulehnen. Er lobte vielmehr, dass die ost-deutschen Verlage im Gegensatz zu den bundesrepublikanischen den Exilschriftstellern seiner Generation eine Heimstätte boten.[48] Im Zuge seiner dritten Europareise im Jahr 1964 kam Graf sogar zweimal nach Ost-Berlin: Einmal im Juli zu einem Gespräch mit Schriftstellerkollegen, dann im Oktober, als er im Rahmen einer Feierstunde zum korrespondierenden Mitglied der Ost-Berliner Akademie der Künste erklärt wurde. Die Ernennungsurkunde überreichte Willi Bredel, ein Freund aus Exiltagen, der damals Präsident der Akademie war. Auf seine Initiative gingen die beiden Einladungen Grafs nach Ost-Berlin zurück.[49] Dass Graf sie auch annahm und dafür politische Vorbehalte ignorierte, kann auf seine Sympathie und Wertschätzung für Bredel zurückgeführt werden. Für Wieland Herzfelde brachte er diese allerdings nicht mehr auf.

Daher scheint am plausibelsten, dass Graf die Freundschaft zu Herzfelde aus persönlichen Gründen aufkündigte. In Herzfeldes Widmung an Ulbricht erkannte Graf nicht mehr jenen alten Freund wieder, mit dem er einst den Hass auf das NS-Regime, ein literaturpolitisches Konzept und die Not des Exils geteilt hatte. Tatsächlich hatten sich beide nach Herzfeldes Abreise aus den USA voneinander entfremdet, ohne sich dies eingestehen zu wollen. Während Graf Wieland Herzfelde seine Skepsis gegenüber dem Sozialismus Moskauer Prägung vorenthielt, verheimlichte dieser ihm seine Konflikte mit der SED. Offensichtlich rechnete Herzfelde damit, dass Graf, der sich von jeher jeglicher parteipolitischen Vereinnahmung entzogen hatte, kein Verständnis für seine ungebrochene Loyalität gegenüber der kommunistischen Staats- und Parteiführung aufbringen würde. Erst als Herzfelde deswegen die Bevormundungen durch KPD-Funktionäre verschwieg, denen er und Graf im Exil ausgesetzt waren, wurde ihre Entfremdung offensichtlich. Abgesehen von

---

[48] Siehe Ulrich Kaufmann: *Oskar Maria Graf. Rebell – Erzähler – Weltbürger*, München 1994, S. 111.
[49] Siehe Ulrich Kaufmann: »*Du weißt, Deine Bücher mag ich*«. *Oskar Maria Graf und Willi Bredel – zu einem unbekannten Foto*. In: *Jahrbuch 2001 der Oskar-Maria-Graf-Gesellschaft*. Hrsg. von Ulrich Dittmann und Hans Dollinger, München 2001, S. 48-55, hier S. 51-53.

der Frage, ob Herzfelde die Unterredung zwischen Graf und Ulbricht in Prag nun erfunden hatte oder nicht,[50] sah Graf in Herzfeldes Schweigen nicht nur den Wert der individuellen Freiheit verraten, sondern war auch persönlich enttäuscht.

Wir können also davon ausgehen, dass Oskar Maria Graf und Wieland Herzfelde befreundet waren, da sie selbst ihre Beziehung als solche bezeichneten und sich unter dem Motto der Freundschaft wiederholt füreinander einsetzten. Für den Bruch ihrer Freundschaft nach Jahrzehnten waren politische wie persönliche Gründe verantwortlich. Er ist sowohl dem politischen und gesellschaftlichen Umfeld als auch fehlendem Vertrauen und mangelnder Sensibilität im gegenseitigen Umgang der beiden Freunde geschuldet.

---

[50] Das ließ sich bisher weder eindeutig belegen noch widerlegen. Allerdings lassen Grafs vehementer Protest und die Aufgabe seiner jahrzehntelangen Freundschaft mit Herzfelde vermuten, dass Herzfelde diese Begegnung erfunden haben könnte. Vgl. Ulrich Kaufmann: »... *so hab ich noch nie den ›Sozialismus‹ aufgefaßt!*« – *Aus neuer Sicht: Oskar Maria Graf und die DDR*, in: *Jahrbuch 1994/95 der Oskar-Maria-Graf-Gesellschaft*. Hrsg. von Ulrich Dittmann und Hans Dollinger, München-Leipzig 1995, S. 125–140, hier S. 128.

### Anhang: Oskar Maria Graf über John Heartfield

In der vom Bruder Wieland Herzfelde verfassten Heartfield-Monografie »John Heartfield. Leben und Werk dargestellt von seinem Bruder«(VEB Verlag der Kunst. Dresden 1962. Dritte Auflage 1976) steht eine verkürzte und überarbeitete Fassung von OMGs 1938, wohl vor der GAWA, gehaltenen Rede »John Heartfield, der Fotomonteur und seine Kunst«[51]. Außerdem sind die Buchumschläge zu *Frühzeit* und *Der Abgrund*, die Heartfield gestaltete, abgebildet. Auf sie hat sich, soweit wir wissen, OMG nicht explizit bezogen. Dafür fanden wir in der erwähnten Heartfield-Monografie ein Gedicht von Erich Fried, der 1984 als erfahrener Exilautor das Feuchtwanger-Graf-Kolloquium im Münchner Gasteig eröffnete. Das Gedicht ist eine Art Nachruf für den Fotomonteur und gilt, ganz im Sinne Grafs, in der zweiten Strophe dem so seltenen *Abgrund*-Einband:

»FOTOMONTAGE

Die Kamera kann nicht lügen.
Die Lüge wird erzielt
durch Auswahl der Fotos.
Aber Johnny Heartfield
traf seine Auswahl:
er stellte die Lügen der andern
zusammen und machte sie kenntlich.

Ein Buchumschlag heißt ›Der Abgrund‹.
Ein Mann steht am Kai und sieht
Tausende winzig marschieren
im Kanal unten zu seinen Füßen
mit Hakenkreuzfahnen
die Rechte erhoben: ›Heil Hitler!‹
Manche, die klein dort marschieren
sind jetzt groß in Bonn oder München«

---

[51] Die vollständige Rede ist abgedruckt in: Oskar Maria Graf: *Reden und Aufsätze aus dem Exil.* Hg. H. F. Pfanner. München 1989. S.109–114.

Schutzumschlag mit Fotomontage von John Heartfield zu Grafs Roman »Der Abgrund«. Malik-Verlag, London, 1936

# Hans Dollinger
# »Aufgestapelte Erinnerungen« hinter der Maske des Satirikers

Zu Grafs Autobiografie *Gelächter von außen – Aus meinem Leben 1918–1933*

I.

In seinen letzten Lebensjahren blickt Oskar Maria Graf in dieser 1966 im Münchner Desch Verlag erschienenen Autobiografie auf seine große Zeit als »Münchens lautester Dichter« in den Jahren von 1918 bis 1933 zurück. Von 1961 bis November 1965 arbeitet der immer wieder von Asthmaanfällen und anderen Krankheiten geplagte Autor an seinem »Riesenbuch«, das ursprünglich auf zwei oder gar drei Bände geplant war (*Gelächter aus dem Exil* oder *Versuch Exil* und *Vom Exil zur Diaspora* waren die im Nachlass entdeckten Arbeitstitel).

II.

»Auf die Idee, die vor vierzig Jahren niedergeschriebene Autobiografie seiner unbedenklich rebellischen Jugend als Siebzigjähriger weiterzuführen, konnte nur ein eitler Narr kommen«, schreibt Graf und erklärt dazu, dass »außer der stoisch duldenden Masse der Arbeitsmenschen nur noch Narren den Gang der Welt aufrechterhalten und das Leben erträglich machen. Die einen *er*halten es, und die anderen *unter*halten es.«

Ein Schriftsteller, lesen wir weiter, der es unternimmt, sein Leben darzustellen, »steht im ewigen Kampf mit der Zeit, und Vergangenheit und Gegenwart gehen ihm ständig ineinander und durcheinander«, als »privater Mensch kann man sich nur entweder ablehnend und unversöhnlich feindlich, resignierend und fatalistisch, oder mit gewitztem Galgenhumor und einem alles zerschmetternden Gelächter dazu stellen.« Grafs Gelächter ist »niederreißend«, »kutschergrob«, absolut respektlos und ätzend, weshalb sich dieser erste Teil seiner unvollendeten großen Autobiografie »fundamental von seinen anderen autobiografischen Schriften unterscheidet«, wie sein Biograf Gerhard Bauer feststellt: »Es ist ähnlich radikal in der Selbstentblößung«, aber »noch gehässiger im Umgang mit der eigenen Person.« Graf selbst glaubt beim Schreiben, »rund um mich herum, von oben und unten, erschalle auf einmal aus dem Unsichtbaren ein gewaltiges Spott- und Hohngelächter« und beruft sich dabei auf die großen Satiriker der Weltliteratur von Rabelais bis Heinrich Heine. »Graf entstellt seine eigene Geschichte, streckt sie mitunter, um sein Bild von der Geschichte der Weimarer Republik und von den daran Beteiligten so beißend wie möglich und unausweichlich zu machen ... Aus dem Provinzschriftsteller war unwiderruflich ein Universalschriftsteller geworden«, so Gerhard Bauer.

### III.

Graf beginnt seinen Rückblick mit der Interpretation eines Erzählers, wie er ihn sich vorstellt, weil »er vom mündlichen Erzählen am meisten gelernt habe«. Anfang der zwanziger Jahre erzählt der junge Graf wie ein »geborener Stegreiferzähler« bei »Zusammenkünften in den Schwabinger Künstlerateliers« seine Militär- und Kriegserlebnisse, die Graf-Leser aus *Wir sind Gefangene* kennen. Als sein Verleger-Freund Wieland Herzfelde aus Berlin bei einem solchen Atelierabend dabei ist und ihn fragt: »[H]ast du das nie geschrieben? Das könnte ich brauchen«, kramt Graf ein Manuskript hervor mit vor Monaten »primitiv hingeschriebenen« Erinnerungsnotizen »von meiner Flucht von zu Hause bis zu meiner Irrenhauszeit und Entlassung aus dem Heeresdienst«. Herzfelde gibt auf der Rückfahrt nach Berlin diese Notizen einem Mitreisenden zum Lesen, der »immer wieder hellauf lachte« und meinte: »Was, ein Verleger sind Sie? Mann, so was muss doch ziehen! Da lacht sich doch jeder halbtot.« So kommt es »wider Willen« zu Grafs erstem Erzählungsband über seine Jugenderlebnisse mit dem Titel *Frühzeit* und danach *Zur freundlichen Erinnerung*, die beide 1922 im Malik Verlag in Berlin erscheinen. »Fünf oder sechs Jahre später« lobt den »gemachten Provinzschriftsteller« kein Geringerer als Thomas Mann. Er sieht Grafs *Frühzeit* als »höchst merkwürdiges, tolles Buch. Meine Frau hat sich in Davos daran gesund gelacht ...«

Unter »Die Firma bekommt einen Namen« berichtet Graf dann, wie ihm sein Malerfreund Jakob Carlo Holzer zum zweiten Vornamen »Maria« verhilft und Graf dafür fünfhundert Mark kassiert von einem Militärjournalisten und Kriegsmaler namens Oskar Graf, der Angst vor einer Verwechslung hat, die »meinen Posten beim Hauptquartier kosten kann«.

»Seltsame Wirkungen« titelt Graf über seine erfolgreichen Bemühungen als Kunstkritiker, auf Vorschlag seines Maler-Freundes Georg Schrimpf: »Mit deinen Gedichten, da wird's doch nie was. Schreib doch Kunstkritiken, die bringen doch was ein.« Dem »farbenblinden« Oskar beschreibt der Freund dann die Farben der kritisierten Bilder. Der Kunstkritiker Graf erinnert sich in diesem Zusammenhang an seine Beobachtungen in den Vorkriegsjahren 1911 und 1912, als zwei Maler sich in der Türkenstraße einen leeren Laden mieteten, eine Riesenleinwand an die Wände hängten und vor den Augen der Passanten zu malen anfingen: »A blau's Roß macht der! Schaugt's nur grad. Der muaß ja faktisch farbenblind sei, der Aff, der saudumme!« So die genussvoll geschilderte Reverenz Grafs vor den Schwabingern Franz Marc und Wassily Kandinsky, den frühen Meistern des Expressionismus in München.

Danach, »Woche für Woche, Tag für Tag kam alles immer mehr ins Rutschen, der Krieg und der Staat, der Geldwert und die Versorgung mit Lebensmitteln.« Graf wird Zeuge von Demonstrationen mit Transparenten wie »Friede und Brot!« und einer Massenversammlung der SPD und USPD im Mathäserbräu, wo dann der Seppi Zankl als Versammlungsleiter auf die Zurufe der USPDler »glockenschwingend noch lauter schrie: ›No ja, Genossen, machen mir hoit a Revolution, dass a Ruah is –!‹« Und Graf, damals Aushilfskraft als Vorsortierer beim Hauptpostamt, sagt zu seinem Nebenmann: »Nur die Revolution kann uns retten.« Der grauhaarige Nebenmann antwortet: »Revolution bei uns? Die geht aus wie das Hornberger Schießen. Viel Geschrei und wenig Wolle. Wir sind zu anständig, wir machen nur das, was uns befohlen wird.«

Als die Revolution kommt, ist für Graf »die Kunst abgeschrieben, der Bohemien zum flotten Schieber geworden«. Weil der Freund Schrimpf anmahnt, dass »Praktisches« geschehen müsse, »die Massen warten darauf!«, verfasst Graf ein Manifest, in dem er »für jeden Arbeiter ein Gewehr und Munition forderte, damit er so viel Hasen, Rehe, Fasanen und Rebhühner schießen könne, wie er brauche, und außerdem, dass er berechtigt sei, sich Brennholz zu schlagen«. Mit dem Manifest kann er aber beim Seppi im neuen Arbeitsministerium nicht landen. Der überredet ihn zum »Geschäftemachen«. »Warum sollen wir immer die Dummen sein! Glaub mir, indirekt hilfst du da auch der Revolution.« Graf ist auch dabei, als man »mehrmals in der Wohnung des Dichters Alexander von Bernus zusammenkommt, um über die Gründung eines ›Rates der geistigen Arbeiter‹ zu beraten«. Anschließend ziehen alle in den »Simpl« zu Kathi Kobus oder zu »Saufnächten« in die Villa des Holländers Hoboken in Nymphenburg. Graf bekennt: »Diese Revolution war eigentlich etwas Unvorstellbares für mich, sie war gewissermaßen ein Zustand, dem alles zustrebte, was aber nach dem Hereinbruch geschehen sollte, darüber war sich kaum wer klar.« Biograf Bauer beschreibt ihn als »hinreißenden, aber auch äußerst unzuverlässigen Revolutionär. Nach dem Zeugnis aller, die ihn in dieser Zeit gekannt haben, war er unübersehbar und vor allem unüberhörbar.«

Noch vor dem Mord an Kurt Eisner und dem blutigen Ende der beiden Räterepubliken in Bayern durch die »Weißen«, die »gnadenlos mit ihren Gegnern verfuhren und furchtbar wüteten«, erkennt Graf einen »Vorgeschmack der heroischen Zukunft« als »bestimmte Gruppen in allen Stadtvierteln heftig gegen die landfremden jüdischen Drahtzieher im Arbeiter- und Soldatenrat agitierten«. Auf Zetteln, die an Mauern und Türen klebten, war zu lesen: »Deutsche Arbeiter, lasst Euch nicht vom internationalen Judentum ins Verderben jagen!« Graf fragt: »Wer druckte diese Zettel, wer klebte sie an? Warum beachtete niemand das Käseblättchen, den ›Münchner Beobachter‹ mit seinen ordinär-antisemitischen Artikeln und Karikaturen?«

Als hohnlachender Satiriker gibt sich Graf in der Schilderung seiner Begegnungen mit dem »dunkelhaarigen Menschen mit dichter Stirnlocke und einem Stutzbärtchen«. Erstmals »taucht der Bluthund auf« bei einem der Atelierabende, bei denen Graf als Stegreiferzähler von seiner Befehlsverweigerung im Krieg berichtet und von ihm als »Drückeberger« und »Lump« beschimpft wird. Dann wird der »Bluthund« von Schrimpf durch das Auslagenfenster beim Bachmair in der Kurfürstenstraße gesichtet: »Da! Da lauft er wieder, der Hitler, der Spitzel!« Und Malerfreund Thiele erzählt, dass er am Elisabethplatz auf dessen Suada über die »großen Aufgaben der deutschen Kunst in der Zukunft« antwortete: »Sag mal – dir haben sie wohl ins Gehirn geschissen und vergessen zu ziehn, was?« Schließlich muss Graf sich selbst »Blut und Boden« sowie »Rassengewäsch« dieses Hitlers anhören, während er Kaffee und Schmalznudeln auf dessen Kosten genießt: »Ja, glauben Sie vielleicht, ich hör' mir Ihren Quatsch stundenlang kostenlos an?!«

Sein einjähriges Gastspiel (1920/21) als Dramaturg beim Arbeitertheater »Neue Bühne« in der Senefelderstraße, wo er Bert Brechts erstes Theaterstück *Trommeln in der Nacht* ablehnen muss, weil das Theater »feuerpolizeilich bloß acht Personen auf der Bühne beschäftigen darf«, beendet Graf mit der melancholischen Erkenntnis seines Direktors: »Unser ganzes Leben ist nichts als ein verrücktes Theater ...«

Grafs Atelierfeste waren »geradezu etwas Merkantiles« geworden und sprachen sich bis Berlin, Hamburg, Köln und Frankfurt herum: »Die zahlenden Gäste von dort brachten immer wieder neue Bekannte mit, und ich hatte mit den jeweiligen Vorbereitungen alle Hände voll zu tun, wobei mir die Schwabinger Mädchen bereitwillig halfen ...«

Dann der »jähe, schier unglaubliche Umschwung« nach Hitlers kläglichem Putsch anno 1923: »Hitler auf der Festung Landsberg am Lech und Gustav Stresemann Reichskanzler«. Die Jahre der Weimarer Republik werden für Graf »gut versilberte Jahre«: »Nacheinander erschienen Bücher von mir« und »auf Grund meiner Atelierfeste und wilden Umtriebe galt ich als unüberhörbarer Stimmungsmacher und kraftgeniales Original.« Nach einem spektakulären Auftritt beim damals »hochnoblen« PEN-Club in Berlin »kam ich mir vor wie der Hecht im Karpfenteich. Ich fing jetzt erst an, an der Schriftstellerei den rechten Geschmack zu bekommen.«

Die »versilberte« Zeit beginnen mit einem Abend im »Simpl« auf Einladung des Mitinhabers des Wiener Drei-Zinnen-Verlages, der ihn zu einem »Bücherl hart am Polizeiverbot und an der Zensur vorbei« überredet. Mit dem *Bayrischen Dekameron* bekam Grafs Schriftstellerei »noch einen pikanten Akzent«, aber »der allzuschnelle Ruhm dieses im Handumdrehen verfertigten Büchleins überschattete alle meine späteren ernsthaften Arbeiten.«

»Ich führte das Leben eines vermögenden Bourgeois«, erkennt Graf, sich selbst entlarvend. Erfolgreich bombardiert er Redaktionen mit kleinen Geschichten, Satiren und Skizzen und fragt sich, »wo war der große Plan meiner Beichte, wo mein schriftstellerischer Ehrgeiz, doch noch etwas Starkes fertigzubringen?« Aus dem Fundus seiner »aufgestapelten Erinnerungen« veröffentlicht Graf 1924 sein *Bayrisches Lesebücherl*, 1925 *Die Chronik von Flechting* mit der Geschichte seiner Familie, 1926 das Bändchen *Finsternis* mit sechs Dorfgeschichten. »Nirgends in der deutschen Literatur seit Büchner (andere Kritiker denken an Grimmelshausen)«, kommentiert Gerhard Bauer, »sind die Figuren so leiblich-sinnlich erfasst wie in Grafs erzählerischer Prosa.« Ganz besonders trifft dies auf die *Kalendergeschichten* zu, die 1929 erscheinen.

Mit der zunehmenden Agitation der Nazis gegen den »verrotteten Systemstaat« und nach dem Skandal um den »Volksentscheid zur Enteignung der Fürsten« 1926 packt Graf der »Ingrimm über den Zerfall der Republik: ich schrieb endlich den Schlussteil meiner Autobiografie *Wir sind Gefangene*.« Mit den Worten »Jetzt glaub' ich, dass mein Schreiben keine Spielerei mehr ist. Das taugt was«, übergibt er sein Manuskript dem Lektor des Drei-Masken-Verlages. Dieses Gefühl trügt ihn nicht, das Buch bringt ihm den »Durchbruch ins Literarische«. Neben Thomas Manns bahnbrechender Würdigung urteilt Maxim Gorki: »Das einzige Werk, das den revolutionären Geist der unterdrückten deutschen Massen zum Ausdruck bringt.« Und Romain Rolland schreibt: »Ein tief bewegendes Werk, in seiner Aufrichtigkeit nur vergleichbar mit Rousseaus *Bekenntnisse*.«

»Ich war versorgt und lebte aus dem vollen«, notiert Graf und berichtet unter der Überschrift »Fidelitas während der Galgenfrist« aber auch von einem »breiten Streifband« im Fenster des Schusters im Haus mit der Aufschrift: »Deutsche, kauft nur bei Deutschen«, in der Mitte »das schwarze Hakenkreuz im weißen Feld«. Graf erzählt von Faschingsfesten Schwabinger Künstler, bei denen »Hitlerleute« Stinkbomben warfen, von Auftritten des Mannes »mit dem Zahnbürstenbärtchen und der Haartolle in der Stirn« im Circus Krone, von seinem bei einer öffentlichen

Veranstaltung als Diskussionsredner gemachten Vorschlag für einen Münchner Dichterpreis, der dann tatsächlich 1928 von der Stadt aufgegriffen wird (»als Kunststadt muss man auch was leisten«) und den dann Hans Carossa bekommt anstatt die von Thomas Mann vorgeschlagenen Gustav Meyrink oder Oskar Maria Graf.

Die vorletzte Kapitelüberschrift »Mitten im Sturm – Ländliche Idylle« demonstriert die zwei Seiten, die Graf in seinem Werk vereinigte: den im großstädtischen Milieu sich provozierend bewegenden Schriftsteller auf der einen Seite und seine bäuerliche Herkunft auf der anderen. Ein Doppelcharakter, der »bis in die jüngste Zeit den wenigsten Feuilletonisten ausreichend in den Blick geriet« (Sigrid Schneider). Die »höchst unordentliche Chronik« in *Gelächter von außen*, in der Graf bewusst Authentisches mit Fiktionalem mischt, unterstreicht diesen Doppelcharakter.

Graf ist enttäuscht über die deutschen Politiker der Jahre 1931 und 1932, vor allem aber über die Sozialdemokraten und Kommunisten. Gegenüber dem Kommunisten Max Holy, dem Leiter der Roten Hilfe in München, klagt er: »Ja, Herrgott, da haben wir nun die riesigen Gewerkschaften und zwei durchorganisierte Arbeiterparteien, die zahlenmäßig alle anderen Parteien weit übersteigen! Könnt ihr euch denn nicht endlich einigen und das ganze reaktionäre Gesindel und den Herrn Hitler zum Teufel hauen? ... Ein wirklich straff durchgeführter Generalstreik im ganzen Reich, und der ganze Spuk hört sich auf.« Als Holy entgegnet: »Versuch du, dich mit den SPDlern zu einigen! Die Proleten wollen's vielleicht, aber die Bonzen verbieten's und sie kuschen ...«, wirft ihm Graf vor: »Ihr gebt also schon auf? Ihr überlasst Hitler den Sieg? Das ist derselbe Defätismus wie bei den Sozialdemokraten.«

Dann stürzt die Regierung Brüning, der neue Kanzler von Papen »mit seinem Kabinett der Barone löste den Reichstag auf, schrieb Neuwahlen für den 31. Juli 1932 aus, hob das Verbot der SA und SS (vom 13.4.1932) auf«. Nach der Reichstagswahl »zogen 230 Nationalsozialisten als Abgeordnete in den Reichstag, Hitler verfügte über die größte Partei.«

Graf aber fährt »mit Mirjam zu unseren Freunden Grete und Karl Wähmann ins Flachland um Wasserburg«, wo diese »sehr ländlich, sehr ungezwungen, sehr schlampig und urgemütlich lebten«. Malerfreund Wähmann porträtiert Graf in mehreren Kunststilen (s. *Jahrbuch 1993*, S. 18 ff.), und ein Doktor Hesse, ebenfalls Gast bei Wähmann, erzählt Graf die Geschichte des ehemaligen Bahnhofdirektors von Wasserburg. Graf fährt noch am selben Tag nach München zurück – »und in vier Wochen war der Roman *Bolwieser* fertig.«

Anfang Dezember 1932 steht in der Zeitung »Rücktritt der Regierung von Papen«. Der neue Reichskanzler General von Schleicher löst den Reichstag nicht auf, »man ließ das Volk in Ruhe friedlich-feierliche Weihnacht und heitere Silvesternacht feiern«. Aber dann, vier Wochen später, »war er plötzlich da, dieser farblose 30. Januar 1933, an dem wir, ausgeleert und ziellos durch die Münchner Straßen gingen.« Sie beobachten SA-Schlägertrupps: »›So, Bürscherl, da haben wir dich, du Saujud, du!‹ Wir wussten: Hitler war Reichskanzler! Aus allen Gastwirtschaften grölte es bierheiser abgehackt: ›Sieg Heil! Deutschland erwache!‹«

Die »Galgenfrist« für Graf scheint abgelaufen. Da erreicht ihn am 16. Februar die telegrafische Einladung der Wiener Bildungszentrale für eine Lese-Tour vom 20. Februar bis Mitte März, Abfahrt 18. Februar. »Es war die Rettung.« Da seine jüdische Lebensgefährtin Mirjam am 5. März noch ihre »Stimme gegen Hitler abgeben wollte, fuhr ich sorgengeplagt nach Wien. Im Zug traf ich die junge Genossin Lotte Branz. Sie jammerte: ›Mein Gott, was haben wir alles versäumt!‹« Mirjam kommt am 11. März nach Wien nach: »Wir mussten sie auf dem Westbahnhof heraustragen. Sie sah entsetzlich verängstigt aus …«

IV.

Mit dem Satz »Und damit fing unser Exil an …« enden Grafs Erinnerungen an die Jahre der Weimarer Republik. An Verleger Kurt Desch schreibt er im Mai 1965: »Abgesehen von der Behinderung durch mein fortwährendes Kranksein macht mir das Buch große Schwierigkeiten … Ich sage es allen Ernstes, dieses Riesenbuch wird etwas Endgültiges, etwas, das mich vollkommen aufzehrt! Ich glaube kaum, dass ich … noch Neues zustandebringe!« So war es. Am 28. Juni 1967 hört sein Herz im Mount Sinai Hospital in New York auf zu schlagen.

In *Gelächter von außen*, Grafs letztem großen Buch, »will sich der Autor noch einmal mit der ganzen Wucht des Alters und seiner gesammelten Enttäuschungen zu Wort melden« (Gerhard Bauer). Und die Schuld an der Krise, an dem Versagen von damals, auch dem eigenen, erkennt Graf im Rückblick darin, dass die Menschen die Schuld immer bei den anderen suchen, auf andere ablenken: »Dieses Nichterkennen, dass wir alle – der einzelne und die Völker – schuldig sind, die Feigheit, dass keiner mit sich selbst zu Gericht geht und bis ins Letzte ausdenkt, warum und wieso es dazu gekommen ist, dass er sich in diese Schuld hineinreißen ließ – das ist's, woran wir in dieser Zeit alle kranken.«

Die Enttäuschung und Verzweiflung darüber lassen Graf immer wieder in die Maske des Satirikers flüchten. Er folgt damit seinem einstigen Vorbild Rilke, der sagte, dass »das Lächerliche nur der schreckliche Anfang ist, den wir gerade noch ertragen.« Mit Recht hat der Bremer Kulturhistoriker Rainer Stollmann in seinem Aufsatz »Lachen als Protest – Unbeherrschtheit und Politik bei Oskar Maria Graf« (*edition text + kritik, 1986*) festgestellt, dass »man an Graf studieren kann, was für eine gleichzeitige Kraft ein ungleichzeitiges Lachen hat und wohin es führen kann.« Und er weist darauf hin, dass der Titel seines letzten Buches »seine Lebenserfahrung sehr präzise bezeichnet: Gelächter als zweite Natur und Utopie, woran er gegen jede Wirklichkeit festhalten musste.«